Unterrichtsideen Religion NEU

Sonderband Antiziganismus

Herausgegeben im Auftrag der Religionspädagogischen
Projektentwicklung in Baden und Württemberg (RPE)
von Uwe Hauser und Stefan Hermann

Erarbeitet von Andreas Hoffmann-Richter
Redaktion: Gerhard Ziener

Calwer Verlag Stuttgart

Gedruckt mit freundlicher Unterstützung der Evangelischen Landeskirche in Württemberg.

Bibliographische Information der Deutschen Bibliothek
Die Deutsche Bibliothek verzeichnet diese Publikation in der Deutschen Nationalbibliografie; detaillierte Daten sind im Internet über *http://dnb.ddb.de* abrufbar.

ISBN 978-3-7668-4314-2

Umschlaggestaltung: Rainer E. Rühl, Alsheim
Satz: NagelSatz, Reutlingen
Herstellung: Karin Class, Calwer Verlag
Druck und Verarbeitung: Beltz Bad Langensalza GmbH

E-Mail: info@calwer.com
Internet: www.calwer.com

ntiziganismus – Alltagsrassismus

Erarbeitet von Andreas Hoffmann-Richter. Redaktion: Gerhard Ziener.

Theologisch-didaktische Überlegungen

Die Alltagssprache ist voller abwertender und deshalb ausgrenzender diskriminierender Redewendungen. Da kommt einem manches »spanisch« vor, da sieht es aus wie bei dem »Polacken« oder jemand wird zum »Spasti«. Rassistisch sind solche Äußerungen, wenn mit ihnen nicht nur generalisierende Abwertungen vorgenommen werden, sondern die Zuschreibung von negativen oder sogar minderwertigen Eigenschaften und Verhaltensweisen zusätzlich auf genetische Unterschiede zurückgeführt werden – was biologisch gesehen jedoch gar nicht geht. Redewendungen wie »herumzigeunern«, »Zigeunerleben«, ja selbst der Ausdruck »Zigeuner« bis hin zu Karnevalsrufen wie »Zack-Zack-Zigeunerpack« sind Zeichen eines »Antiziganismus« und damit spezifischer Vorurteile gegen die Minderheit der Sinti und Roma. Damit verbunden ist die Bezeichnung dieser Minderheit als Ausländer, obwohl sie seit mehr als 600 Jahren in Deutschland leben und hier sesshaft geworden sind. Allerdings sollte man wissen, dass ihre Vorfahren 300 Jahre lang offiziell keine Erlaubnis zur Ansiedlung in Deutschland bekamen, sondern nur eine Genehmigung zu ambulantem Gewerbe. Solche Vorurteile zerstören die Möglichkeiten, Menschen in ihrer Individualität persönlich kennenzulernen und tragen zur Ausgrenzung bei. Die Blickrichtung soll auf diesem Weg auf die Vorurteilsgeschichte der Mehrheitsgesellschaft und auf die Reflexion des eigenen Umgangs mit Ängsten (und romantischen Wunschvorstellungen) gerichtet werden.

Eine 1992 durchgeführte Umfrage des Allensbacher Instituts für Meinungsforschung zeigte, dass 64 Prozent der Deutschen eine negative Meinung über Roma hatten – ein höherer Prozentsatz als über jede andere ethnische oder religiöse Gruppe. Eine Untersuchung des EMNID Instituts von 1994 zeigte, dass etwa 68 Prozent der Deutschen keine Sinti und Roma als Nachbarn haben wollen. Eine 1995 an deutschen Schulen durchgeführte Umfrage wies deutliche Anti-Roma Einstellungen auch unter der jüngeren Generation nach: 38 Prozent der Studenten im Westen und 60,4 Prozent in Ostdeutschland hatten negative Einstellungen gegenüber Sinti und Roma. Eine Studie des Europäischen Migrationszentrums (EMZ) in Berlin aus dem Jahr 2001 zeigte ein Muster fortdauernder Vorurteile gegenüber sowie Ausgrenzung von Sinti und Roma auf. In der von Daniel Strauß 2012 herausgegebenen »Studie zur aktuellen Bildungssituation deutscher Sinti und Roma« gaben 81,2 Prozent der befragten deutschen Sinti und Roma an, persönliche Diskriminierung erfahren zu haben. 53,64 Prozent fühlten sich bei Behördenbesuchen »eingeschüchtert«, »schlecht behandelt« oder »diskriminiert«. Nach der Studie der Antidiskriminierungsstelle des Bundes vom September 2014 »Zwischen Gleichgültigkeit und Ablehnung. Bevölkerungseinstellungen gegenüber Sinti und Roma« schlagen bei der Frage nach Maßnahmen für ein gutes Zusammenleben 79,6 Prozent der Befragten vor, Leistungsmissbrauch zu bekämpfen, 78,1 Prozent schlagen vor, Kriminalität zu bekämpfen, 49,6 Prozent sind für Einreisebeschränkungen, 22,4 Prozent für Abschiebung und 13,6 Prozent für gesonderte Unterbringung.

Gleichzeitig besteht auf offizieller Ebene eine Tendenz, das Bestehen von Diskriminierung gegenüber Minderheiten zu leugnen und gegen Minderheiten gerichtete Einstellungen gleichzusetzen mit denen gegen Ausländer, ungeachtet der Tatsache, dass solche Einstellungen oftmals gegen Minderheitenangehörige gerichtet sind, die sowohl im Besitz eines deutschen Passes sind als auch auf eine längere Familiengeschichte in Deutschland zurückblicken als manche andere deutsche Familie. So behandeln öffentliche Einrichtungen wie das Bundesministerium des Innern und die Ausländerbeauftragten die Angelegenheiten von Minderheiten und von Ausländern als zusammengehörig.

»Sinti und Roma« ist die Selbstbezeichnung einer überwiegend in Europa beheimateten Minderheitengruppe von ca. 12 Millionen Menschen. Das Wort »Roma« meint »Menschen« (männlich Singular Rom, weiblich Singular Romni). Das Wort »Sinti« (Einzahl Sinto, weiblich Sintezza) stammt möglicherweise von dem indischen »Sindh« und weist auf die indischen Vorfahren dieser Minderheit. Die Sinti und Roma sind wohl besonders um 800 und 1000 n. Chr. aus ihrer ursprünglichen Heimat in Nordwestindien ausgewandert oder durch zuströmende Araber bzw. Perser zur Auswanderung gezwungen worden. Das Wort »Roma« im weiteren Sinn kann als allgemeine Selbstbezeichnung angesehen werden, Sinti als spezielle Selbstbezeichnung der früh in den deutschen Sprachraum eingewanderten Teilgruppe. Eine zweite und engere Verwendung des Wortes »Roma« hat sich im speziellen Sprachgebrauch der deutschen Sinti für die überwiegend erst nach 1840 nach Deutschland Eingewanderten eingebürgert. In Deutschland leben mindestens 120.000 Sinti und Roma. (Von den UN werden für Deutschland weit höhere Zahlen genannt. Mindestens 70.000 sind deutsche Staatsbürger.) Sinti und Roma haben eine eigene Sprache, das »Romanes«, das sich aus dem Sanskrit entwickelt hat.

Sinti und Roma verstehen die Bezeichnung »Zigeuner« mehrheitlich als diskriminierend. Hier klingen für sie die Vorurteile der Mehrheitsbevölkerung an. Diese Bezeichnung dient nach ihrer Erfahrung zur Diskriminierung. Das Wort »Zigeuner« stammt nicht aus dem Romanes und wird heute von der Antiziganismusforschung überwiegend als geschichtlich je verschieden gefülltes (persisches, griechisches usw.) Sammelwort der jeweiligen Mehrheitsbevölkerung für Projektionen auf und Vorurteile gegen die Minderheit verstanden.

Sinti und Roma sind um 1400 nach Mitteleuropa eingewandert und wurden seitdem auch hierzulande diskriminiert und im Dritten Reich wie Juden verfolgt, in Konzentrationslager deportiert und ermordet. Zu konstatieren ist, dass dieser – letztlich trotz allen Erklärungsversuchen nicht begreifbare – Völkermord immer noch nicht ausreichend beachtet wird und die alten Klischees noch immer wirken. Der Rechtsschutz der Minderheit reicht noch immer nicht aus.

Die kulturelle Identität der Sinti und Roma gründet in der eigenen Sprache, in der je eigenständigen Verbindung von Abgrenzung und Aufnahme von Kulturelementen der Mehrheitsbevölkerung und in der Erfahrung Jahrhunderte langer Verfolgung. Sie ist unter anderem gekennzeichnet durch einen reichen Schatz an Erzählungen, Märchen und Liedern, durch künstlerische, besonders musikalische und handwerkliche Traditionen (wie Kupfer- und Goldschmiedekunst, Korbflechterei, Holz- und Lederbearbeitung). Entgegen allen Vorurteilen sind die deutschen Sinti und Roma sesshaft. Anders als in Deutschland gab es in vielen Ländern Europas auch keine Zeit, in der Roma ein Wandergewerbe ausüben mussten.

Schülerinnen und Schüler dürften an den Vorurteilen, möglicherweise auch an der Fremdenangst, Anteil haben. Sie haben sich in der Regel mit der Geschichte und mit dem Leben von Sinti und Roma noch nicht auseinandergesetzt. Für sich selbst nehmen die Schülerinnen und Schüler zu Recht Einmaligkeit, Besonderheit und Gleichheit in Anspruch, letztlich also Menschenwürde. Es wird darauf ankommen, sie in dieser Sicht zu bestärken, gleichzeitig aber darin zu vergewissern, dass dieser Anspruch für alle Menschen gilt, gerade auch für solche, die anders sind und anders wirken. Dazu bedarf es der Auseinandersetzung mit Prinzipien moralischen Handelns und des empathischen Nacherlebens diskriminierender Erfahrungen. So kann eine »Ideologie« (Erikson) reifen, in der alle Menschen als Ebenbild Gottes gesehen werden, die Respekt verdienen und Beistand brauchen, wenn ihnen Menschenwürde und selbstverständliche Menschenrechte vorenthalten werden.

Artikel 1 Absatz 2 des zum 1. Januar 2014 in Kraft getretenen Staatsvertrags zwischen dem Land Baden-Württemberg und dem Landesverband Deutscher Sinti und Roma Baden-Württemberg lautet: »Daher streben das Land und der Verein Deutscher Sinti und Roma Baden-Württemberg gemeinsam insbesondere an:
– Die Verankerung der Geschichte und Gegenwart von Sinti und Roma in den Bildungsplänen des Landes. In diesem Zusammenhang trägt die Landesregierung Sorge dafür, dass in den Schulen des Landes die Geschichte der Sinti und Roma so gelehrt wird, dass auch möglichen Vorurteilen entgegengetreten wird ...«

Die vorgeschlagene Unterrichtseinheit will mit ihren Bausteinen sensibilisieren für den alltäglichen Rassismus gegenüber Sinti und Roma und damit Hilfestellung geben, weitere Formen von Diskriminierung und Rassismus im Alltag zu entdecken. Es gilt Ursachen und Wirkungen herauszuarbeiten und dabei auch christliche – kirchliche – Anteile zu sehen. Wie bei dem Genozid an Juden haben auch hier die christlichen Kirchen und Gemeinden überwiegend geschwiegen. Schließlich soll es darum gehen, auf der Grundlage einer biblisch begründeten Menschenwürde eigene Handlungsmöglichkeiten zu finden und zu bestimmen.

Die Unterrichtseinheit nimmt Bezug auf den Erwerb einer ethischen Kompetenz im Bildungsplan Evangelische Religion: »Schülerinnen und Schüler können zentrale ethische Aussagen der Bibel ... in eine normenkritische Urteilsbildung einbeziehen« (Bildungsplan für das Gymnasium Klasse 10).

Sie sind »in der Lage, Konsequenzen aus Jesu Umgang mit Menschen im Blick auf gegenwärtige Lebenssituationen zu formulieren« (Realschule Kl. 8), »... wissen, dass nach dem Verständnis des christlichen Glaubens alle Menschen Ebenbild Gottes sind und deshalb das Recht haben, als eigenständige Persönlichkeiten mit unantastbarer Würde behandelt zu werden« (Realschule Kl. 10).

»Schülerinnen und Schüler kennen Weisungen der jüdisch-christlichen Tradition für das Handeln der Menschen ... und können sie auf aktuelle Problemfelder beziehen«, sie »wissen, dass sie immer Teil einer Gemeinschaft und mit ihrem Handeln für sich und andere verantwortlich sind. Sie sind in der Lage, sich in andere Menschen einzufühlen. Sie sehen Möglichkeiten anderen Menschen zu helfen« (Bildungsplan für die Hauptschule Klasse 9).

Die Unterrichtseinheit gliedert sich in folgende Aspekte:
☐ Diskriminierung und Alltagsrassismus bei uns
☐ Rassismus gegen Sinti und Roma
☐ Ursachen und Folgen des Antiziganismus in Deutschland
☐ Entdecken von Handlungsmöglichkeiten im Sinne der Menschenachtung

Literatur

FÜR DIE HAND DER LEHRERINNEN UND LEHRER

Alte Feuerwache e.V., Jugendbildungsstätte Kaubstraße (Hg.), Methodenhandbuch zum Thema Antiziganismus, Münster 2012.
Arbeitskreis Sinti / Roma und Kirchen (Hg.): Deutsche Sinti und Roma, 2. Aufl. 2012 (Informationsbroschüre, zu bestellen unter: EMS, Vogelsangstr. 62, 70197 Stuttgart, Tel. 0711-6367831; info@ems-online.org).
Awosusi, A. (Hg.): Zigeunerbilder in der Kinder- und Jugendbuchliteratur, Heidelberg 2000.
Dies.: Die Musik der Sinti und Roma. 3 Bände, Heidelberg 1996–1998.
Dies.: Stichwort Zigeuner. Zur Stigmatisierung von Sinti und Roma in Lexika und Enzyklopädien, 1998.
Bogdal, K.-M.: Europa erfindet die Zigeuner. Eine Geschichte von Faszination und Verachtung, Berlin 2011.
Ehmann, A. / Bamberger, E. (Hg.): Kinder und Jugendliche als Opfer des Holocaust, Schriftenreihe des Dokumentations- und Kulturzentrums Deutscher Sinti und Roma, Heidelberg 1995.
End, M.: Gutachten Antiziganismus. Zum Stand der Forschung und der Gegenstrategien, (I-Verb.de) Marburg (und Romno Kher Mannheim) 2013.
Engbring-Romang, U. / Strauß, D. (Hg.): Aufklärung und Antiziganismus (Beiträge zur Antiziganismusforschung Bd. 2, Gesellschaft für Antiziganismusforschung e.V.), Seeheim 2003.

Dies. (Hg.): Die Stellung der Kirchen zu den deutschen Sinti und Roma (Beiträge zur Antiziganismusforschung Bd. 2, Gesellschaft für Antiziganismusforschung e.V.), Seeheim 2008.

Engbring-Romang / Solms, W.: »Diebstahl im Blick«? Zur Kriminalisierung der »Zigeuner« (Beiträge zur Antiziganismusforschung Bd. 3, Gesellschaft für Antiziganismusforschung e.V.), Seeheim 2005.

Hackl, E.: Abschied von Sidonie, Zürich 1989 (dazu: Fischer R. / Krapp G.: Abschied von Sidonie, Lehrerheft mit Unterrichtsvorschlägen, Materialien und Schülerheft).

Kalkuhl, Ch. / Solms, W.: Antiziganismus heute (Beiträge zur Antiziganismusforschung Bd. 2, Gesellschaft für Antiziganismusforschung e.V.), Seeheim 2005.

Krausnick, M.: Wo sind sie hingekommen? Der unterschlagene Völkermord an den Sinti und Roma, Gerlingen 1995.

Krausnick, M.: Auf Wiedersehen im Himmel, München 2001 / Taschenbuchausgabe Würzburg 2005.

Landeszentrale für politische Bildung Baden-Württemberg und Verband Deutscher Sinti und Roma, Landesverband Baden-Württemberg (Hg.): »Zwischen Romantisierung und Rassismus« Sinti und Roma – 600 Jahre in Deutschland, Stuttgart 1998; http://www.lpb.bwue.de.

Rose, R. (Hg.): Den Rauch hatten wir täglich vor Augen. Der NS-Völkermord an Sinti und Roma. Katalog zur ständigen Ausstellung im Dokumentations- und Kulturzentrum Deutscher Sinti und Roma, Heidelberg 1999.

Solms, W. / Strauß, D. (Hg.): »Zigeunerbilder« in der deutschsprachigen Literatur, Schriftenreihe des Dokumentations- und Kulturzentrums Deutscher Sinti und Roma, Heidelberg 1995.

Solms, W.: »Kulturloses Volk«? Berichte über »Zigeuner« und Selbstzeugnisse von Sinti und Roma (Beiträge zur Antiziganismusforschung Bd. 2, Gesellschaft für Antiziganismusforschung e.V.), Seeheim 2006.

Strauß, D.: Die Sinti / Roma-Erzählkunst im Kontext europäischer Märchenliteratur, Schriftenreihe des Dokumentations- und Kulturzentrums Deutscher Sinti und Roma, Heidelberg 1992.

Ders. (Hg.): »… weggekommen«, Berichte und Zeugnisse von Sinti, die die NS-Verfolgung überlebt haben, Berlin 2000.

Ders. (Hg.): Studie zur aktuellen Bildungssituation deutscher Sinti und Roma / Dokumentation und Forschungsbericht, Marburg 2011.

Widmann, P.: An den Rändern der Städte. Sinti und Jenische in der deutschen Kommunalpolitik, Berlin 2001 (Beispiel Freiburg i.Br.).

Winckel, Ä.: Antiziganismus. Rassismus gegen Roma und Sinti im vereinigten Deutschland, Münster 2002.

GANZSCHRIFTEN ALS SCHÜLERLEKTÜRE

Rosenberg, O.: Das Brennglas, aufgezeichnet von Ulrich Enzensberger, Berlin 1998, 128 Seiten.

Hackl, E.: Abschied von Sidonie, Zürich 1989, 127 Seiten.

AV-Medien

VIDEO/DVD:

»Pappo, der Schausteller«, zu bestellen beim Landesverband Deutscher Sinti und Roma Baden-Württemberg (s.u.).

»Sidonie«, Spielfilm von Karin Brandauer, 88 Min., Evang. Medienzentrale Stuttgart VS 2022 (mit Begleitheft).

»Auf Wiedersehen im Himmel. Die Sinti-Kinder von der St. Josefspflege«, Deutschland 1994, 45 Min. Drehbuch: Michael Krausnick. Zu beziehen z.B. über die Evang. Medienzentrale Stuttgart (VC2445, auch als DVD erhältlich).

SWR Schulfernsehen »Wir haben doch nichts getan …«, Med.-Nr.: 46 82145 (DVD, 30 Minuten).

Adressen

Landesverband Deutscher Sinti und Roma Baden-Württemberg, B 7, 1668159 Mannheim, Tel.: 0621 911091-00, Fax: -15; E-Mail: info@sinti-roma. com; http.://sinti-roma.com (dort befindet sich auch das Kulturzentrum Romno Kher mit einer ständigen Ausstellung).

Dokumentations- u. Kulturzentrum Deutscher Sinti und Roma, Bremeneckgasse 2, 69117 Heidelberg (ständige Ausstellung), Tel.: 06221 9811-01; http.://www.sintiundroma.de.

Schwerpunkt Bildung im AK Sinti/Roma und Kirchen BW: Pfr. Dr. Andreas Hoffmann-Richter, Biberacher Str. 122, 89079 Ulm; Tel.: 0731 926910-1; Fax -3; Andreas.Hoffmann-Richter@ elkw.de.

http.://www.lpb.bwue.de.

http.://antidiskriminierungsstelle.de (Themen und Forschung – Ethnische Herkunft).

Thematische Aspekte und Bausteine

Diskriminierung und Alltagsrassismus bei uns

Zu Beginn der Unterrichtseinheit soll Raum gegeben werden, möglichen Vorurteilen auf die Spur zu kommen und von da aus auf die Sichtweisen von Sinti und Roma einzugehen.

■ *Ein Fall vor dem Amtsgericht*
1. L. informiert: Ein Vermieter lehnt es ab, seine Wohnung an eine Sinti-Familie zu vermieten. Seine Begründung lautet: »Das sind Zigeuner!« Die Sinti-Familie geht vor Gericht. Die Klasse formuliert in GA das angemessene Gerichtsurteil.
2. Vergleich der Sch.-Urteile.
3. Vergleich mit dem »echten« Urteil **M 1**. Suche nach Gründen für dieses Urteil.
4. Klärung, wer Sinti und Roma sind. Textarbeit an **M 2** »Wer sind Sinti und Roma?« entlang den Begriffen Sinti, Roma, Zigeuner, Gipsys, Sprache, Familie, Musik.

■ *Mobbing-Spiel*
1. Einstieg: Zwei Freiwillige gehen vor die Tür (keine, die häufig gemobbt werden!). Sie bekommen den Auftrag, nach der Rückkehr in das Zimmer die anderen Sch. anzusprechen. Die Mehrheit bekommt den Auftrag, sich in Grüppchen wie im Schulhof frei zu unterhalten, jedoch die beiden Freiwilligen nicht zu beachten. Auswertung zunächst mit den Ausgeschlossenen: Wie ging es euch? Wie habt ihr reagiert? Dann mit den anderen: Wem fiel der Ausschluss besonders schwer? (Freunden.)
2. Gespräch: Wir danken denen, die sich dem Mobbing ausgesetzt haben! Schon im Spiel ist das nicht einfach. Wozu haben wir dieses Spiel wohl gemacht?
3. Kontaktspiel **M 3**.
4. Die Sch. tragen Vorwissen über Sinti und Roma zusammen. Sie überlegen, wie diese die Bevölkerungsmehrheit erleben müssen. Herausfinden, ob es Beziehungen zu Sinti und Roma in der Klasse gibt, aber auch, welche Vorurteile auftauchen.
5. Erarbeitung des Textes »Wer sind Sinti und Roma?« **M 2** (s.o.).

■ *Vorwissen rekonstruieren*
1. UG: Assoziationen zu »Sinti und Roma« sowie zu »Zigeuner«, evtl. Recherche im Bekanntenkreis.
2. Sch. bearbeiten den Fragenkatalog **M 4** in PA.
3. Sch. vergleichen ihr Vorwissen mit den Informationen **M 2** in EA oder PA. Sie unterstreichen, was neu ist und was eigentlich alle wissen müssten.
4. Sch. überlegen, wie Sinti und Roma hiesige Verhältnisse erleben.
5. Klärung im UG, was Diskriminierung ist. Eigene Definitionsversuche, anschließend Vergleich mit Definition **M 5**.

■ *Einladung an Sinti und Roma*
1. Sch. recherchieren im Internet Informationen zu Sinti und Roma und formulieren Fragen, die sich daraus ergeben.
2. Sch. überlegen, wie man einen Gesprächspartner, eine Gesprächspartnerin gewinnen kann (E-Mail: info@sinti-roma-bawue.de).
3. Sinti und Roma erzählen von ihrer Lebenssituation, ihrer Geschichte, ihren Wünschen und ihren Ängsten.
4. Bericht für die Schülerzeitung schreiben.

Rassismus gegen Sinti und Roma

Rassismus gegen Sinti und Roma in Geschichte und Gegenwart ist unter uns vielfach unbewusst, verdrängt oder »unbekannt«. Der Bewusstwerdung dient die Begegnung mit einem konkreten Beispiel (hier mit dem Verhalten der kirchlich und schulisch Verantwortlichen gegenüber den Kindern der St. Josefspflege in Mulfingen).

■ *Film: Auf Wiedersehen im Himmel (DVD von Michail Krausnick, zu beziehen beim Dokumentationszentrum in Heidelberg, s. Adressen).*
1. Sch. betrachten gemeinsam den Film.
2. Anschließend notieren die Sch. in EA die Handlung des Films. Sie rekonstruieren im UG das Geschehen und vergleichen die Rekonstruktion mit der Inhaltsangabe **M 6**.
3. UG: Sch. beurteilen die Rolle des Pfarrers und der Schwestern. Welche Alternativen hätten sie gehabt?
4. Szenische Lesungen aus **M 8** entwickeln; dabei auch Suche nach passenden Bildern und passender Musik; evtl. einer anderen Klasse vorstellen.

■ *Die Kinder von der St. Josefspflege*
1. L informiert über das Kinderheim St. Josefspflege anhand von **M 7**.
2. Sch. lesen Text **M 8** in EA, gliedern ihn in Zeitabschnitte und markieren die Aussagen von Amalie Schaich und Angela Wagner zur Vorbereitung für eine szenische Lesung.
3. Gemeinsames Klären der Inhalte anhand von Terminen 1936, Januar 1944, 9. Mai 1944, 12. Mai 1944.
4. Aus dem Text eine szenische Lesung entwickeln (s.o.).

■ *Spiel Zeitstrahl* (**M 30**)
– Sch. bringen die Ereigniskarten in eine vermutete zeitliche Reihenfolge.
– Erweiterung: Es werden Gruppen gebildet, die zudem auf eine Jahreszahl tippen. Die Gruppe, die am dichtesten am richtigen Jahr liegt, gewinnt.

■ *Poster zur (Diskriminierungs-)Geschichte der Roma und Sinti*
1. Sch. erarbeiten in sechs Gruppen den Text »Die Geschichte der Sinti und Roma« (**M 9**) mit den Unterthemen Sinti und Roma bis 1900, Sinti und Roma nach 1900, Sinti und Roma nach 1933, Sinti und Roma nach 1935, Sinti und Roma nach 1943, Sinti und Roma nach 1945.
2. Jede Gruppe präsentiert ihre Ergebnisse in Form eines Plakates, gegebenenfalls werden die Plakate auch anderen Klassen oder in einer Schulausstellung gezeigt.
3. Evtl. Vergleich mit Zeittafel **M 10**.

■ *Antiziganismus-Barometer*
Übung zur Frage: »Was ist eigentlich Antiziganismus?«
1. L. liest die Fragen **M 29** vor und wartet jeweils, bis die Sch. sich nach ihrer individueller Einschätzung zwischen den im Raum vordefinierten Polen aufgestellt haben: »Kein Antiziganismus« bzw. »Starker Antiziganismus« oder abgestuft dazwischen. L. fragt dann verschiedene Sch. nach ihrer jeweiligen Begründung. L. gibt vor der Auswertung des Spieles jedoch keine Kommentare.
2. Auswertung: Antiziganismus hat viele Gesichter und ist nicht für jeden dasselbe. Wann ist eine Aussage, eine Handlung oder ein Gedanke antiziganistisch?

■ *Begriffsklärungen*
1. Sch. erhalten Texte zu Diskriminierung (**M 5**), Alltagsrassismus (**M 11**), Antiziganismus (**M 12**) und Rassismus (**M 13**).
2. Sie definieren in arbeitsteiliger GA diese Begriffe, erläutern sie den anderen und ordnen sie dann gemeinsam einander zu (z.B. durch sich überschneidende Kreise: TA).
3. Anschließend Suche nach Gründen und nach möglichen Gegenmaßnahmen.

1. Dauerausstellung zum Völkermord beim Dokumentationszentrum Deutscher Sinti und Roma in Heidelberg (Adresse s.o.).
2. Ausstellung zum Antiziganismus »Typisch Zigeuner?« im Kulturzentrum Romno Kher Mannheim (Adresse s.o.).

Vergrößerte Variante, wo die Verbindung mit einer längeren Fahrt möglich ist: Besuch in Auschwitz-Birkenau und in der Abteilung zur Ermordung der europäischen Roma (in einem Gebäude des Stammlagers Auschwitz). Die Unterbringung in der Internationalen Jugendbegegnungsstätte ist am besten zwei Jahre im Voraus zu bestellen.

Ursachen und Folgen des Antiziganismus in Deutschland

Die Antiziganismusforschung geht der Frage nach, aus welchen Gründen die deutsche Mehrheit zur jeweiligen Zeit eigene Negativbilder auf die deutschen Sinti und Roma projizierte (für eine kurze Zusammenfassung einiger Aspekte siehe **M 18**). Es stellt sich heraus, dass es beim Antiziganismus in erster Linie um ein Manko der Mehrheitsbevölkerung – einschließlich der Christen und Kirchen – geht. Dies zu akzeptieren bedeutet, die Geschichte mit den Augen der Opfer dieses spezifischen Rassismus neu sehen zu lernen und an der eigenen Einstellung bewusst zu arbeiten.

■ *Stammtischgespräch*
1. Sch. lesen jede/r für sich den Zeitungsartikel **M 24 a**.
2. Anschließend spielen drei Sch. das »Stammtischgespräch« (**M 14**) zu dem Vorgang mit verteilten Rollen.
3. UG: Sch. bewerten das Gespräch emotional: Was hat euch geärgert? Wozu könnte ich »Ja« sagen?
4. Sch. charakterisieren Person A, B und C. Sie überlegen, wem sie sich näher fühlen.
5. Sch. stellen in GA Regeln auf, was man selber tun kann und tun will. Ergebnis als TA.

■ *Bericht eines Dekans*
1. Quellenstudium anhand **M 15**: Sch. finden heraus, was passiert ist und worum es dem evangelischen Dekan geht.
2. Beurteilung: Hätte er sich anders verhalten müssen bzw. können?
3. UG: Was kann und sollte Kirche heute tun?

■ *Bibelarbeit: Jesus und die Diskriminierung*
1. Sch. vergleichen die beiden Texte (**M 16 a**) in PA. Sie finden im UG gemeinsam heraus, welcher der beiden Texte zu Jesus passt, vergleichen dann mit dem Bibeltext, überlegen, was Jesus verändert hat und bedenken, was Christen daraus folgern können.
2. Unterrichtsgespräch: Im Text von **M 16 b** kommen Sinti und Roma nicht vor. Hat das Handeln von Jesus etwas mit Sinti und Roma zu tun?

■ *Alltagssprache*
1. L. präsentiert Redewendungen (**M 17**) als Arbeitsbogen oder Folie. Sch. ergänzen. Was steckt hinter solchen Redewendungen?
2. Hausaufgabe oder Sch.-Referat: Text »Diskriminierung und Behördensprache« (**M 19**).

■ *Ganzschriftlektüre*
Ein/e Sch. stellt eine Ganzschrift zum Thema als Referat vor: Otto Rosenberg, Das Brennglas, und/oder Erich Hackl, Abschied von Sidonie. Andere können durch Internetrecherche ergänzen.

■ *Zusammenfassung der Ursachen*
1. UG: Wie konnte es zu dem Antiziganismus kommen?
2. L-Referat auf der Grundlage von **M 18**.

■ *Zusammenfassung der Folgen in der Gegenwart*
1. Sch lesen in Gruppen je eine Seite von **M 31** und stellen die Themen gegenseitig vor.
2. UG: Was kann ich tun, damit sich etwas ändert? (Übergang zu »Entdecken von Handlungsmöglichkeiten«)

Entdecken von Handlungsmöglichkeiten im Sinne der Menschenachtung

Die Achtung der Sinti und Roma ist noch nicht weit verbreitet. Auch die kirchliche und schulische Kooperation mit dem Landesverband deutscher Sinti und Roma (und vermittelt durch diesen gegebenenfalls mit Sinti und Roma vor Ort) hat zahlreiche Aufgaben noch vor sich.

■ *Warum komme ich nicht weiter und was kann ich dagegen tun?*
Sch. bekommen Rollen zugeteilt (**M 32 a**) und versuchen sich in ihre jeweilige Rolle hineinzuversetzen bei den folgenden Fragen (**M 32 b**, eventuell in Auswahl). Wenn sie für ihre Rolle keine Hürde finden, können sie bei jeder Frage einen Schritt weiter gehen.
Auswertung: 1) Was habt ihr gemerkt? (Empathiebeförderung), 2) Was könnt ihr im richtigen Leben dazu beitragen, dass die Person über diese Hürden hinwegkommt? 3) Schreibt euch dazu einen eigenen Merkzettel »Was ich tun kann«.

■ *Widerstand war und ist möglich*
1. Lektüre der Tafel der Gerechten (**M 28**).
   UG über die Frage: Was hat die Retter motiviert?

■ *Die älteste Menschenrechtserklärung der Welt*
1. L. erzählt von der Situation des Volkes Israel im babylonischen Exil.
2. Zwei Sch. lesen eine Sprechszene (**M 20**) mit verteilten Rollen vor.
3. Sch. ermitteln das implizite Menschenbild und halten es als Präambel eines neuen Grundgesetzes fest: »Paragraph 1: Jeder Mensch ist …«
4. Sch. wenden diesen Grundsatz auf Sinti und Roma an: »Jeder Sinti und Roma ist …«
5. UG: Was können wir selbst in unserem Alltag für die Würde jedes Menschen tun?

■ *Europäisches Rahmenabkommen zum Schutz nationaler Minderheiten* (**M 21 b**)
1. Textanalyse **M 21 b** mit Hilfe der Zwei-Spalten-Methode: »Wofür/wogegen wendet sich der Text?«
2. Sch. formulieren in Kleingruppenarbeit eine Präambel, die diese Artikel begründen kann.
3. Alternativ: Sch. erarbeiten aus der Präambel **M 21 a** einen Gesetzestext (GA – zunächst zur Hilfe ein Beispiel mit der Klasse gemeinsam).
   Dann vergleichen sie diesen Text mit dem Text des Staatsvertrags Baden-Württemberg, der ab 01.01.2014 in Kraft getreten ist (**M 26**).
4. Die Sch. formulieren gemeinsam Konsequenzen für Schule und Polizei in Form von Grundregeln für den Umgang mit Sinti und Roma und halten sie schriftlich fest.

■ *Diskriminierung entdecken und Gegenmaßnahmen bestimmen*

1. Sch. lesen den Artikel aus der Süddeutschen Zeitung (**M 22**) und werten aus, welche Informationen vermittelt werden.
2. Sie vergleichen den Artikel mit dem Pressekodex des Deutschen Presserates (**M 23 a**). Evtl. als Ergänzung Schülerflugblatt (**M 23 b**).
3. Sch. recherchieren im Internet ähnliche Presseartikel.
4. Sch. entwerfen weitere Gegenposter zur Wahlwerbung der NPD bei der Europawahl 2014 (**M 24 b**). (Einsendung guter Ideen erwünscht an Pfr. Dr. Hoffmann-Richter, Adresse s.o.)
5. Sch. vergleichen den Pressebericht von 2013 über das Mädchen Maria mit der Geschichte des Vorurteils vom Kinderraub (**M 25 a** und **M 25 b**).
6. Sch. vergleichen den Bericht von der Abschiebung einer Schülerin ins Kosovo im Jahr 2013 (**M 27 a**) mit den Hintergrundinformationen zum Kosovo (**M 27 b**) und schreiben einen Brief an den deutschen Bundesinnenminister.
7. Auch an dieser Stelle kann auf Handlungsmöglichkeiten zur Überwindung des Antiziganismus in M 31 rekurriert werden: »Was könntet ihr dagegen jeweils tun?«
8. Sch. vergleichen mit **M 33** Haltungen der Bevölkerung mit ihren eigenen und üben sich im Argumentieren unter Heranziehung des Gelernten.

M 1 — URTEIL DES AMTSGERICHTES BOCHUM VOM 25. SEPTEMBER 1996

»Diese ethnische Gruppe ist traditionell vornehmlich rastlos und … ist eindeutig nicht repräsentativ für den durchschnittlich geeigneten Mieter mit entsprechenden Zukunftsperspektiven, so dass die Erwartungen auf weitere fruchtbare Verhandlungen seitens der Kläger völlig unbegründet und unhaltbar waren.«

Der Zentralrat Deutscher Sinti und Roma legte beim Europäischen Gerichtshof für Menschenrechte Beschwerde gegen dieses Urteil ein, der Antrag wurde jedoch als unzulässig erklärt, da die Antragsteller (der Zentralrat und Romani Rose) in diesem Falle nicht persönlich betroffen wären.

Aus: Open Society Institute. EU Accession Monitoring Program (Hg.), Monitoring des Minderheitenschutzes in der Europäischen Union: Die Lage der Sinti und Roma in Deutschland 2002, Gesellschaft für bedrohte Völker, Göttingen 2003, S. 119 und 88–89.

M 2 — WER SIND SINTI UND ROMA?

Als Sinti und Roma bezeichnen sich die weltweit verbreiteten, überwiegend aber in Europa (vor allem im ehemaligen Jugoslawien, in Rumänien, Ungarn, Frankreich, Spanien und Deutschland) beheimateten Minderheitengruppen mit (1990) schätzungsweise 12 Millionen (in Europa allein 8 Millionen) Angehörigen selbst. Die Bezeichnung »Sinti« (für die mitteleuropäischen Gruppen, Einzahl: Sinto, weiblich: Sintezza) leitet sich möglicherweise von der Herkunft ihrer Vorfahren aus der nordwestindischen Region Sindh ab.

Die Bezeichnung Roma (»Menschen«, Einzahl: der Rom, weiblich: die Romni) ist ein allgemeiner Sammelname außerhalb des deutschen Sprachraums, die in Deutschland überwiegend für Gruppen südosteuropäischer Herkunft gebraucht wird.

Im englischen Sprachraum werden Sinti und Roma als »Gypsies«, im spanischen als »Gitanos« bezeichnet.

In Deutschland leben heute etwa 50.000 Sinti und 20.000 Roma – überwiegend katholischer Konfession – auf dem Gebiet des ehemaligen Jugoslawien; in Bulgarien, Iran und der Türkei gibt es muslimische, in anderen südost- und osteuropäischen Ländern griechisch-orthodoxe oder russisch-orthodoxe Roma.

Geschichte und Herkunft der Sinti und Roma
Die Sinti und Roma waren wohl zwischen 800 und 1000 n. Chr. aus ihrer Heimat in Nordwest-Indien durch das Einströmen arabischer Volksstämme zur Auswanderung gezwungen worden. Wichtigster Zeuge dieser Herkunft aus Indien ist ihre Sprache, das Romanes.

Die große Mehrheit der Vorfahren der heutigen europäischen Sinti und Roma ließen sich zwischen dem 11. und 14. Jahrhundert auf dem Balkan (um 1100 von einem Mönch auf dem Berg Athos erstmals erwähnt), im Mittleren Osten und in Osteuropa nieder. Die Westwanderung erreichte um 1400 Mitteleuropa (1407 Hildesheim, 1414 Basel), bald nach 1500 dann England und um 1715 Nordamerika.

Kultur der Sinti und Roma
Sinti und Roma bilden selbst innerhalb von Nationalstaaten keine homogene Einheit. Träger der sozialen Organisation und kulturellen Überlieferung ist die Familie. Die ältere Generation genießt die besondere Achtung der Jüngeren. Die kulturelle Identität gründet in der eigenen Sprache (Romanes), in der eigenständigen Auseinandersetzung mit der Kultur der Mehrheitsbevölkerung und in der Erfahrung jahrhundertelanger Verfolgung. Sie ist unter anderem gekennzeichnet durch einen reichen Schatz an Erzählungen, Märchen und Liedern, durch künstlerische, besonders musikalische Fähigkeiten und handwerkliche Traditionen (vor allem Kupfer- und Goldschmiedekunst, Korbflechterei, Holz- und Lederbearbeitung) Entgegen allen Vorurteilen sind Sinti und Roma in Deutschland und in anderen Ländern seit Generationen ebenso sesshaft wie die Mehrheitsbevölkerung.

Aus: Ch. Ortmeyer / D. Strauß: Antiziganismus. Geschichte und Gegenwart deutscher Sinti und Roma, LEU Stuttgart 2002, S. 141–146.

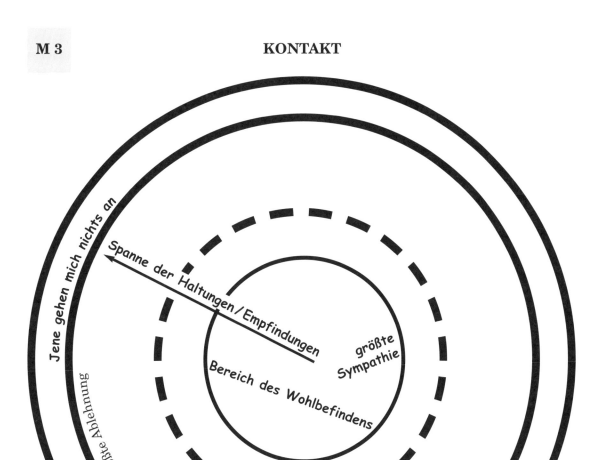

- Fremde
- Afrikaner
- Türken
- Araber
- Italiener
- Juden
- meine Kollegen
- Weiße
- Lateinamerikaner
- Chinesen

- Schwarze Amerikaner
- meine Familie
- Gott
- Marokkaner
- Pluralismus
- Ehrlichkeit
- Anständigkeit
- meine Nachbarn
- Griechen
- Iren

- Japaner
- Autorität
- alte Menschen
- Freiheit
- Nationalismus
- Amerikaner
- Gleichheit
- »Zigeuner«
- Sinti und Roma

Anleitung:
1. Setze die Bezeichnung für Menschengruppen und die sozialen Begriffe an den Ort, der dir für dein Empfinden zur Zeit passend erscheint.
2. Stelle deine Einordnung anderen vor und begründe sie.
3. Wiederhole dasselbe nach Ende der Unterrichtsreihe und stelle dann fest, ob sich für dein Empfinden etwas verändert hat.

1. Woran liegt es deiner Auffassung nach, dass 68 Prozent der Deutschen eine schlechte Meinung über Sinti und Roma haben?

_____

_____

_____

_____

_____

_____

_____

2. Was ist dir von der 600-jährigen Geschichte der Sinti und Roma in Deutschland bekannt (in Stichworten)?

_____

_____

_____

_____

_____

_____

_____

3. Welche Ursachen für den Antiziganismus sollte man deiner Meinung nach insbesondere zu beseitigen versuchen?

_____

_____

_____

_____

_____

_____

_____

4. Sollen Christen/Kirchen dabei eine Rolle spielen? Wenn ja, warum? Was kannst du selbst dabei tun?

_____

_____

_____

_____

_____

_____

DEFINITION »DISKRIMINIERUNG«

Diskriminierung ist die ungleiche Behandlung von Menschen aufgrund von Merkmalen wie Herkunft, Hautfarbe, Nationalität, Geschlecht, sexueller Orientierung, Kultur oder Religionsausübung. Diskriminierendes Verhalten kommt sowohl im Alltag, z.B. in der Schule, am Arbeitsplatz oder in öffentlichen Verkehrsmitteln, als auch in den Medien, Gesetzen oder öffentlichen Einrichtungen vor.

Nicht jede Ungleichbehandlung ist gleich Diskriminierung: Wenn z.B. Jugendlichen unter 18 Jahren der Zutritt zu einer Diskothek verweigert wird oder jemand nicht Taxifahrer werden kann, weil er oder sie keinen Führerschein hat, ist das völlig in Ordnung. Wenn aber Menschen mit bestimmten Merkmalen der Eintritt in die Disco oder ein Job verweigert wird, z.B. weil er oder sie keinen deutschen Pass hat, eine Frau, schwarz oder homosexuell ist, dann handelt es sich um Diskriminierung.

Diskriminierung ist also die ungerechtfertigte Benachteiligung oder Schlechterbehandlung von Einzelnen oder von Gruppen.

Die deutsche Verfassung wendet sich ausdrücklich gegen Diskriminierung: Gemäß Artikel 3, Absatz 3 des deutschen Grundgesetzes darf niemand »wegen seines Geschlechts, seiner Abstammung, seiner »Rasse«, seiner Sprache, seiner Heimat und Herkunft, seines Glaubens, seiner religiösen oder politischen Anschauungen benachteiligt oder bevorzugt werden«.

So klar dieser Grundgesetzartikel klingt, in der Praxis bietet er Betroffenen leider kaum rechtlichen Schutz, um gegen Diskriminierung vorzugehen. Dazu wären eigene Anti-Diskriminierungsgesetze erforderlich, wie sie z.B. in Großbritannien oder den Niederlanden bestehen und seit Jahren von verschiedenen Anti-Diskriminierungs- und Menschenrechtsgruppen in Deutschland gefordert werden. Dennoch, wer andere diskriminiert, verstößt eindeutig gegen die Grundwerte der deutschen Verfassung.

Aus der Broschüre »Rassismus begreifen. Was ich immer schon über Rassismus und Gewalt wissen wollte«, hg. u.a. von der Aktion Courage – SOS Rassismus/Schule ohne Rassismus in Bonn und der Arbeitsgruppe SOS Rassismus NRW (c/o Amt für Jugendarbeit der Evangelischen Kirchen von Westfalen, Ralf-Erik Posselt, Haus Villigst, 58239 Schwerte), Villigst 1997, S. 18.

M 6   **INFORMATIONEN ZU DEM FILM
»AUF WIEDERSEHEN IM HIMMEL«**

Der Film, »Auf Wiedersehen im Himmel« wurde 1994 gedreht und ist aus der Zusammenarbeit zwischen den Zeitzeugen und Überlebenden des Holocaust Amalie Schaich, Angela Wagner, Emil Reinhardt, dem Dokumentations- und Kulturzentrum Deutscher Sinti und Roma sowie Michail Krausnick (Drehbuchautor) entstanden.

In Berichten, Fotos und mit Original-Filmausschnitten aus der Zeit zwischen 1938 und 1944 wird das Schicksal von 39 Sinti-Kindern und -Jugendlichen geschildert. Diese waren von den »Rasseforschern« Eva Justin und Robert Ritter ausgewählt worden, um an ihnen Forschung zu betreiben.

In dieser Zeit lebten die Kinder in der »Heiligen St. Josefspflege«, einem Heim, das unter der Leitung der katholischen Kirche stand und von katholischen Schwestern geführt wurde. Die Ergebnisse der so genannten »Rasse-Untersuchungen« an diesen Kindern verhalfen Eva Justin zur Doktorwürde. Die Gutachter waren Robert Ritter und Eugen Fischer. Robert Ritter war nach dem Kriege im Frankfurter Gesundheitsamt beschäftigt, später wurde auch Eva Justin dort eingestellt.

Die Kinder wurden 1943 von ihren Eltern getrennt, die ihrerseits von Polizei, SD und SS in die Konzentrationslager Buchenwald, Ravensbrück oder in andere Konzentrationslager verschleppt wurden. Für die Kinder wurde dieses Schicksal nur um ein Jahr aufgeschoben, dann ging von Mulfingen aus ein Transport in das Vernichtungslager Auschwitz-Birkenau. Der Film macht den Prozess des Völkermordes an den Sinti und Roma und die rassistischen Motive der Täter in besonders beeindruckender Weise deutlich.

Das Kinderheim der St. Josefspflege war ein katholisches Kinderheim, in das seit 1938 ausschließlich Sinti-Kinder eingewiesen wurden. Dies hatte folgenden Grund:

»In einem württembergischen Erlass vom 7.11.1938, der seiner Bedeutung halber auf der ›Württembergischen Anstaltstagung‹ vom 8.11.1938 bekanntgegeben wurde, wurde erstmals im Deutschen Reich, und zwar landesweit verbindlich, eine Einteilung aller in Heim- und Familienerziehung befindlichen Kinder und Jugendlichen in fünf Gruppen vorgeschrieben, die, separiert voneinander, in genau benannten Heimen untergebracht werden sollten.«[1]

Diese Einteilung in fünf Gruppen wurde auch durchgeführt, wobei für die ersten vier Gruppen Begriffe wie »Verwahrlosung«, »Schwachsinn«, »Körperbehinderung«, »schwere Psychopathie« verwendet wurden. Eine fünfte Gruppe war eigens für die »Zigeuner« eingerichtet.

Das katholische Kinderheim in Mulfingen hatte die Aufgabe übernommen, die Kinder so lange aufzunehmen, bis sie von dort nach Auschwitz transportiert wurden.

Wie dieses Heim als »Durchgangslager« für Kinder funktionierte, soll am Beispiel der Geschichte der Familie Delis aus Wiesbaden dargestellt werden.

Johanna Schneck, 1903 in Württemberg geboren, lebte seit 1928 in Wiesbaden. Hier brachte sie auch ihren zweiten Sohn Siegfried 1929 zur Welt und 1933 ihre Tochter Luana. Ihr ältester Sohn war 1926 geboren worden. Mitte der 30er Jahre heiratete sie den aus Bildstock/Saarland stammenden Paul Delis. Dieser Ehe entstammen zwei weitere Kinder: Rudi und Maria. Erfasst und registriert wurden die Familienmitglieder am 31. Januar 1938, als die Rassenforscher in Wiesbaden ihre Messkarten ausfüllten. Johanna Schneck wurde als »Z$^3/_4$« klassifiziert, ihr Mann als »Z $^1/_2$«, das heißt in der NS-Terminologie galten beide

als »Zigeunermischlinge«, entsprechend ihre Kinder.

Schon 1939 wurde die Familie auseinandergerissen. Paul Delis erkrankte und wurde am 8. Dezember 1939 in die Landesheilanstalt Eichberg eingewiesen. Die Diagnose lautete »Religiöser Wahn«. Was immer der Anlass oder der Hintergrund für diese Diagnose war, entzieht sich unserer Kenntnis. 1940 bedeutete die Einweisung in ein Psychiatrisches Krankenhaus sehr schnell den Tod durch Vergasen. Seit 1940 setzten die Nationalsozialisten verstärkt ihre Idee eines gereinigten deutschen »Volkskörpers« durch, indem sie psychisch kranke oder behinderte Menschen in besonderen Anstalten, wie etwa Hadamar, töteten. Um die Ermordung zu vertuschen, wurden von den Anstaltsärzten gefälschte Totenscheine ausgestellt. Danach ist Paul Delis am 29. Januar 1941 verstorben.

Im Mai 1940 war die Familie – ohne den Ehemann und Vater – für die Deportation nach Polen vorgesehen.

Im September 1940 wurde Johanna Delis verhaftet und in das Frauenkonzentrationslager Ravensbrück deportiert.

Der Bruder von Johanna Delis, Adam Schneck, war zusammen mit seiner Frau als Nr. 102 bzw. Nr. 100 von Mainz aus am 16. Mai 1940 in das sogenannte Generalgouvernement deportiert worden.

Nach den Deportationen waren die Kinder allein in Wiesbaden. Sie kamen deshalb zu den Großeltern nach Bad Mergentheim in Württemberg.

Am 5. November 1941 wurden die Kinder den Großeltern weggenommen und in das Kinderheim St. Josefspflege in Mulfingen in die Fürsorgeerziehung gebracht. Hier lebten sie bis zum 8. oder 9. Februar 1944. Dann wurden sie als erste Kinder von Mulfingen in das Vernichtungslager Auschwitz deportiert.[2]

Aus: Ch. Ortmeyer / D. Strauß: Antiziganismus. Geschichte und Gegenwart deutscher Sinti und Roma, LEU Stuttgart 2002, S. 121.

---

1 Wolfram Schäfer (Marburg/Institut für Erziehungswissenschaft): Siebung, Sichtung und Lenkung von jugendlichen Verwahrlosten und Dissozialen, in: 10 Jahre Jugendkonflikthilfe, Marburg 1996.

2 Aus: Udo Engbring-Romang: Wiesbaden. Auschwitz. Zur Verfolgung der Sinti in Wiesbaden, Darmstadt 1997 (Reihe: Hornhaut auf der Seele, Hg. Adam Strauß, Band 3), S. 110–115.

MICHAIL KRAUSNICK
DIE SINTI VON DER ST. JOSEFSPFLEGE

Offiziell waren sie zu Fürsorgezöglingen erklärt worden. Die NS-Behörden sprachen von »verwahrlosten«, von »schwer erziehbaren Kindern«, ja sogar von Waisenkindern. Die Eltern seien »mit unbekanntem Aufenthaltsort abwesend«. Doch das war die Sprache der Verfolger, die Sprache des Dritten Reichs.

Die Wahrheit sah anders aus: Die Nazis hatten seit 1936 die Familien zerstört und die Väter und Mütter als Sklavenarbeiter in die Konzentrationslager, zunächst vor allem nach Dachau und Ravensbrück, deportiert. Die elternlos gemachten Jungen und Mädchen aber kamen als »Zigeunerkinder« in Kinderheime, Erziehungsanstalten und Jugendkonzentrationslager.

Im Januar 1944 sprachen Beamte der Stuttgarter Gestapo in der St. Josefspflege vor. Sie erklärten der Oberin, der Schwester Eutychia, dass sie den Auftrag hätten, die Personalien der im Heim lebenden »Zigeunerkinder« zu überprüfen. In Wirklichkeit waren die Beamten gekommen, um für jedes einzelne Kind die vorgeschriebenen »Haftunterlagen« fertigzustellen. Nach der Anweisung des Reichskriminalpolizeiamtes war die vorgedruckte »Einlieferungsanzeige des Konzentrationslagers« bei allen über sechs Jahre alten Personen mit einem Abdruck des rechten Zeigefingers zu versehen. Die Beamten hatten dabei zu beachten, »dass die beabsichtigte Festnahme vorher der zigeunerischen Person nicht bekannt wird«.

Wenige Wochen später gab eine Stuttgarter Polizeidienststelle der St. Josefspflege bekannt, dass sämtliche »Zigeunerkinder« in den Morgenstunden des 9. Mai 1944 abgeholt würden. Der Ortspfarrer, der zugleich der Verwalter des Heims war, hatte den Transport vorzubereiten. Er wusste, dass es sich um eine Reise ohne Wiederkehr handelte.

Einen Tag vor dem Abtransport schreibt der Caritasverband für Württemberg an das »Hochwürdigste Bischöfliche Ordinariat« in Rottenburg einen Brief »Betr.: Josefspflege Mulfingen«. Darin heißt es: »Der Leiter der Josefspflege Mulfingen, H. H. Pfarrer Volz, teilt dem Caritasverband mit, dass in nächster Zeit 30 Zigeunerkinder wegkommen sollen. Dadurch wird die Anstalt ziemlich unterbelegt. Er bittet den Caritasverband darauf hinzuwirken, dass durch die entsprechenden Behördenstellen eine Vollbelegung wieder raschestens erfolgt.«

Der um die erneute »Auffüllung« seines Heims besorgte Pfarrer nutzte die verbleibenden Tage, um die Kinder mit einem verkürzten Kommunionsunterricht auf ihr Ende vorzubereiten. Im letzten Gottesdienst am Vorabend empfingen auch die Kinder, die eigentlich noch zu jung waren, die Sakramente.

Die Notkommunion in der Hauskapelle aber blieb die einzige Hilfeleistung der Kirche. Die Schwestern sagten den Kindern, dass sie ihre besten Kleider anziehen und sich für einen Ausflug fein machen sollten. Einige Kinder aber ahnten doch etwas. Eine Überlebende, die damals 9 Jahre alte Angela Wagner, geborene Reinhardt, berichtet: »Und dann ist ein Gerede rumgegangen, dass wir Zigeunerkinder wegkommen. Da haben sich dann die Kinder alle möglichen Sachen erzählt. Sie haben nämlich auch schon etwas gewusst vom KZ. Ja, ich hab das gehört. Aber dann haben sie wieder gesagt, das stimme ja gar nicht, sie machten einen schönen Ausflug. Ja, und daran habe ich dann geglaubt, an den Ausflug. Als die Polizeibeamten gekommen sind und die Fingerabdrücke gemacht haben, damals wollte ich mich auch schon dazwischenschleichen, in die Reihe. Aber dann hat mich eine Schwester herausgerufen. Ich sollte nicht mit.«

Am Vormittag des 9. Mai fuhr ein Postbus im Hof der St. Josefspflege vor. Sechs uniformierte Polizisten aus Künzelsau stiegen aus. Sie hatten den Befehl, die Kinder abzuholen. Die Kinder wurden aus dem Heim herausgeführt: sie trugen etwas Handgepäck bei sich. Auf Anweisung mussten sie sich in einer Reihe aufstellen. Dann wurden ihre Namen aufgerufen, um die Vollständigkeit der Gruppe zu überprüfen. Der Mulfinger Ortspolizist Karl K., heißt es, habe »Tränen in den Augen« gehabt, aber Befehl sei eben Befehl gewesen.

Aus dem Blickwinkel der neunjährigen Angela, die unbedingt am vermeintlichen Ausflug teilnehmen wollte, sah das etwas anders aus: »Ja, ich wollte doch absolut mit! Das können Sie gar nicht glauben, wie gern ich da mitfahren wollte!« Aber die Schwester, die hat mich gesehen und hat mir gleich eine Ohrfeige gegeben. »Du gehörst nicht dazu!«, hat sie zu mir gesagt: »Jetzt gehst du sofort rauf in den Schlafsaal, in dein Bett und lässt dich nicht mehr sehen.«

Und ich war noch wütend über die Ohrfeige und trotzig zu der Schwester! Ach ja, was habe ich denn schon gewusst? Also, ich bin dann rauf, aber statt mich ins Bett zu legen, hab ich alle zwei Fenster aufgemacht und runtergeguckt, was da unten passiert. Die Kleineren haben sich gefreut, die haben an den Ausflug geglaubt. Jedes Kind hat dann so ein kleines Täschle aus Stoff bekommen, das man oben zuziehen und aufmachen konnte, und ich habe zu meiner Freundin runtergerufen: ›Was hast du denn da drin, in dem Geschenkle?‹ Und da hat sie es aufgemacht, einen Apfel rausgenommen und sofort reingebissen. Und hat gelacht dabei. Das kann ich nicht vergessen. Aber die größeren Kinder, die haben was gewusst. Da haben ja einige auch geschrieen und sich gesträubt, in den Bus hineinzusteigen. Und einer wurde geschlagen, bis sich schließlich die Schwester Oberin bereit erklärt hat, mitzufahren.«

Die Lehrerin Johanna Nägele erinnert sich, dass sich die 16-jährige Johanna Köhler auf ihr Bett warf, weinte und klagte: »Warum muss ich sterben, ich bin doch noch so jung?«

Amalie Schaich gehörte zu den Kindern, die in den Bus steigen mussten: »Der Abtransport war ein Chaos. Instinktiv haben wir gespürt, da ist etwas im Gang. Aber was …? Offiziell hat man uns halt bloß gesagt: ›Dort, wo ihr hinkommt, geht's euch gut.‹ Wir mussten dann in den Bus steigen und wurden bis zum Bahnhof Crailsheim gefahren. Wir haben überhaupt nicht gewusst, was los ist. Die Schwestern haben uns nichts vorher gesagt und auch die Polizei nicht.«

Angela Wagner, die damals nicht »mit durfte«, quält sich bis heute mit der Frage, weshalb ausgerechnet sie ausgespart und von einer Schwester beiseite genommen wurde: »Und am Abend, als wir uns hingekniet haben zum Nachtgebet, hat die Schwester gesagt, ich sollte für die Kinder mitbeten. Ich sollte beten für die Kinder!

Da hab ich die Schwester gefragt: »Schwester, wo sind die Kinder denn hingekommen?« Dann hat sie mir sehr, sehr lang in die Augen geschaut und gesagt: ›Angela, sei brav, dass du nicht auch da hinkommst, wo die anderen hingekommen sind.‹ Mehr hat sie mir nicht gesagt.«

Nicht nur die Schwester Oberin, auch die Lehrerin Johanna Nägele musste zur Beruhigung der Kinder den Transport begleiten. Nach der Fahrt durch die blühende Frühlingslandschaft gab es in Künzelsau im Wartesaal des Bahnhofs einen längeren Aufenthalt. Verwundert betrachteten die anderen Reisenden die von der Polizei bewachte Kindergruppe. Nach einiger Zeit wurden die Kinder zu einem Waggon geführt, der auf einem Abstellgleis stand. Es war ein »Gefangenenwagen« mit vergitterten Fenstern und abschließbaren Türen. Die Kinderfragten: »Warum fahren wir in so einem komischen Wagen, warum mit der Polizei?«

Die Polizisten gaben der Lehrerin die Anweisung, dass die Kinder an den Bahnhöfen von den Fenstern ferngehalten werden müssten. Von Künzelsau über die Stationen Waldenburg, Schwäbisch Hall, Hessental bis Crailsheim wurde der Wagen jeweils an die fahrplanmäßigen Züge angehängt. Während der Wartezeiten sangen die Kinder Lieder oder sagten Gedichte auf, die sie für den Namenstag der Schwester Oberin vorbereitet hatten.

Auf dem Crailsheimer Bahnhof erschienen Männer in der Uniform der Waffen-SS. Ihnen wurde die Transportliste übergeben; sie prüften die Zahl der Kinder erneut nach. Angehörige der Sicherheitspolizei brachten weitere Sintifrauen mit kleinen Kindern aus dem Heim in Hürbel zum Gefangenenwagen.

»Es waren schwangere Frauen dabei, mit Kindern, die wurden dazugeladen. Die Kinder haben einige von ihnen gekannt. Dann kamen Männer in schwarzen Uniformen und haben die Grünen abgelöst.«

Die Lehrerin und die Schwester Oberin wurden gedrängt, sich von den Kindern zu verabschieden und »es kurz zu machen«:

»Wir mussten hilflos dabei stehen und konnten nichts tun. Das ist das Schlimmste, was einem Menschen passieren kann (…). Als der Transport losgefahren ist, habe ich natürlich geahnt, dass die Zigeunerkinder nach Auschwitz kommen. Ich musste die Zähne zusammenbeißen, um nicht loszuheulen.«

Über den Weitertransport berichtet Amalie Schaich: »In Dresden haben wir einen Bombenangriff miterlebt. Da war Fliegeralarm. Die SS-Männer haben unseren Gefängniswagen einfach abgesperrt, auf dem Gleis stehen lassen und sind fortgelaufen. Und wir Kinder waren ganz allein. Überall sind da die Bomben eingeschlagen, und wir hatten natürlich schreckliche Angst. Das werde ich niemals vergessen, diese Angst. Unsere Bewacher aber befanden sich, als die Bomben fielen, in einem sicheren Bunker. Auf der Weiterfahrt habe ich einen SS-Mann so bearbeitet, bis er mir gesagt hat: ›Ihr kommt zu euren Eltern, da geht's euch gut.‹«

Doch am 12. Mai 1944 traf der Transport in Auschwitz ein. Dort wurde registriert:

»12.5. Aus dem Kinderheim ›St. Josefspflege‹ in Mulfingen wurden 39 Zigeunerkinder eingeliefert.

20 Knaben bekamen die Nr. Z-9873 bis Z-9892, 19 Mädchen die Nr. Z-10629 bis Z-10647.«

Im Schülerverzeichnis der St. Josefspflege machte die Lehrerin Johanna Nägele in diesen Tagen neununddreißigmal den gleichen Eintrag: »eingewiesen nach Auschwitz«.

Amalie Schaich, die zu den Deportierten gehörte, ist eines der vier Kinder, die überlebt haben, weil sie über vierzehn waren und zur Arbeit in der Rüstungsindustrie ausgesondert wurden. Über die Ankunft in Auschwitz berichtet sie:

»Nach etwa vier oder fünf Tagen trafen wir mit dem Zug in Auschwitz ein. Da ging plötzlich die Türe von unserem Waggon auf. Und vor uns auf der Rampe standen lauter SS-Leute mit dem Gewehr im Anschlag. Aber als sie uns Kinder sahen, haben sie gleich die Gewehre sinken lassen. Nachdem uns die Häftlingsnummern auf den Armen eintätowiert waren, kamen wir in das ›Zigeunerlager‹ des Konzentrationslagers Auschwitz-Birkenau.

Dort waren wir Mulfinger Kinder noch vierzehn Tage im Block 16 zusammen. Doch dann haben sie uns getrennt. Die Kinder, die über vierzehn waren, sind geblieben, und die jüngeren kamen in den Kinderblock, den ›Waisenblock‹. Wir Größeren wurden zum Straßenbau abkommandiert.

Als ich meine jüngeren Geschwister das letzte Mal sah, da hat mein Schwesterle beim Abschied gesagt: ›Du gehst und wir werden verbrannt.‹ Das waren die letzten Worte, die ich von ihr hörte. Das vergesse ich nie!«

Die Nacht zum 3. August 1944 war die Nacht, in der das Zigeunerlager Auschwitz-Birkenau »liquidiert« wurde – so die Sprache der Nazis. 2897 Sinti und Roma, vor allem ältere Menschen, Frauen und Kinder, wurden in dieser Nacht in die Gaskammern getrieben. Unter ihnen die Geschwister von Amalie Schaich und alle anderen Sintikinder der St. Josefspflege.

Heute erinnert ein Gedenkstein vor dem Heim an die Namen der Ermordeten:

»Amandus, Martin, Friedrich, Ferdinand, Sofie, Wilhelm, Rosa, Johann, Elise, Anton, Franz, Olga, Johanna, Anton, Josef, Thomas, Sonja, Otto, Elisabeth, Karl, Luise, Martha, Klara, Ottilie, Andreas, Adolf, Amalie, Anton, Scholastika, Karl, Josef, Maria, Rosina, Rudi, Maria, Siegfried, Luana.«

Amalie Schaich wurde nach Ravensbrück deportiert. Dort erlebte sie, wie die meisten Sintifrauen und -mädchen ihres Transportes brutal und ohne Betäubung sterilisiert wurden. Gegen Kriegsende kam sie in das KZ Bergen-Belsen. Dort musste sie die Misshandlung und Ermordung ihrer Mutter miterleben. Amalie Schaich lebt heute in Süddeutschland.

Aus: Michail Krausnick, Wo sind sie hingekommen? Der unterschlagene Völkermord an den Sinti und Roma, Gerlingen 1995.

Vor 1900

Bereits in der durch Stände und Zünfte starr strukturierten Gesellschaft des späten mittelalterlichen Europas wurden die Sinti und Roma ausgegrenzt.

Zunächst geduldet wurden Sinti und Roma im Laufe des 15. Jahrhunderts zunehmend unterdrückt und aus manchen Gebieten vertrieben (Luzern 1471, Brandenburg 1482, Spanien 1484). Auf dem Reichstag 1496/97 wurden sie im Heiligen Römischen Reich Deutscher Nation für vogelfrei erklärt, geächtet und zur Verfolgung und Folterung, zur Haft und Tötung freigegeben. Anfang des 16. Jahrhunderts folgten Holland, Portugal, England, Frankreich, Schottland, Flandern, Dänemark, Böhmen, Polen und Litauen mit einer ähnlichen Gesetzgebung 1561 beschloss das Parlament zu Orleans, sie »mit Feuer und Schwert« auszurotten. Die härtesten Gesetze wurden in Deutschland erlassen; zwischen 1497 und 1774 waren es 146 Edikte, die alle Arten der physischen und psychischen Gewalt an Sinti und Roma zuließen.

Als zwischen 1837 und 1856 in der Moldau und der Walachei nach und nach die Leibeigenschaft aufgehoben wurde, zogen rund 200.000 befreite Roma westwärts.

Aufgrund der unterschiedlichen Unterdrückungsgeschichten, Kulturen und Dialekte bewahrten Sinti und Roma ihre Selbstständigkeit. Von der sich zum Jahrhundertende hin verschärfenden Unterdrückung und »Sondererfassung« aber waren beide Gruppen in gleicher Weise betroffen. Nach der Gründung des Deutschen Reiches 1871 wurden die innenpolitischen Kontroll- und Überwachungsinstrumente durch neu gegründete repressive Institutionen verschärft. Nach 1899 setzte im deutschen Reich eine systematische Bekämpfung der Sinti und Roma ein; seit 1906 war in Preußen eine Ministerialanweisung Grundlage zur Verfolgung der Sinti und Roma. 1926 wurde in Bayern das sogenannte »Arbeitsscheuengesetz« erlassen, das den Vorwand bot, auch gegen Alteingesessene mit rücksichtsloser Härte vorzugehen.

Andererseits wurden in der Unterhaltungsliteratur und in Operetten im 19. und zu Beginn des 20. Jahrhunderts vor allem die südosteuropäischen Roma zu stilisierten Kunstfiguren verklärt und ihre vermeintlich naturwüchsigen Lebensverhältnisse als Versinnbildlichung antizivilisatorischer Sehnsüchte dargestellt. In dieser Verbindung von Faszination und Ablehnung blieb für die Mehrheit der Gesellschaft »der Zigeuner«, »die Zigeunerin« der Inbegriff von kultureller Fremdartigkeit. Diese Sichtweise trug wesentlich dazu bei, dass die Verfolgung der Sinti und Roma durch das nationalsozialistische Regime in der Bevölkerung kaum auf Widerstand stieß.[1]

Seit über 600 Jahren leben Sinti in Deutschland, seit rund 150 Jahren Roma. Sie sprechen Romanes, eine Sprache, die mit dem indischen Sanskrit verwandt ist. Mit Beginn der nationalsozialistischen Herrschaft wurden sie als sogenannte »Fremdrassige« systematisch ausgegrenzt, entrechtet, verfolgt und schließlich Opfer des Holocaust. Schon im Mittelalter wurden Sinti verfolgt, wurden Opfer eines gesellschaftlichen Antiziganismus. In der Zeit der Romantik verstärkte das verklärte Bild des »Zigeuners« eine »Entfremdung« der Mehrheitsbevölkerung gegenüber den Sinti und Roma. Im wilhelminischen Deutschland wurden Sinti und Roma mit Gesetzen, Verordnungen und ersten sogenannten »Zigeunerkarteien« – wie dem in München um die Jahrhundertwende gegründeten »Nachrichtendienst in Bezug auf die Zigeuner« – diskriminiert und verfolgt.

Nach 1900

In der Weimarer Republik entstanden verschiedene »Zigeunergesetze«. Nach dem Runderlass des bayerischen Innenministeriums vom 3. November 1927 wurden beispielsweise von Sinti und Roma grundsätzlich Fingerabdrücke genommen. 1929 wurde im Volksstaat Hessen das »Gesetz zur Bekämpfung des Zigeunerunwesens« verabschiedet. Die gegen Sinti/Roma gerichtete Ausgrenzungspolitik erhielt durch die NS-Rassenideologie der Nationalsozialisten eine neue Dimension. Jetzt zielten alle gegen Sinti und Roma gerichteten Verordnungen darauf ab, diese ebenso wie die jüdische Bevölkerung von der deutschen Gesellschaft systematisch »abzusondern« und die »Endlösung« – wie die Nationalsozialisten das zynisch nannten – propagandistisch und organisatorisch vorzubereiten. »NS-Auskunftei« des »SD des Reichsführers SS« bereits 1931 in München Bereits vor ihrer Machtergreifung 1933, nämlich im Jahre 1931, begann die NSDAP, in einer sogenannten »NS-Auskunftei« des »SD des Reichsführers SS« in München Namen und Daten deutscher Sinti und Roma zu sammeln. Damit knüpften die Nationalsozialisten an früheren »Zigeunergesetzen« an, zielten aber jetzt auf die totale Erfassung als Vorbereitung für die Verfolgung und Vernichtung »aus Gründen der Rasse«.

Merke: Erhebungen über die beiden »außereuropäischen Fremdrassen« in Deutschland (Juden und »Zigeuner«) »aus Gründen der Rasse« (1931).

Nach 1933

Mit dem Jahre 1933 begannen die Versuche, Sinti und Roma aus ihren Berufen zu verdrängen. Durch das »Berufsbeamtengesetz« wurden Sinti und Roma aus dem Staatsdienst und dann auch aus den Berufsorganisationen ausgeschlossen. Die Arbeitsämter verhinderten, dass jugendliche Sinti und Roma nach ihrem Schulabschluss eine Lehre beginnen konnten. Sinti und Roma mussten ihre Geschäfte aufgeben oder wurden als Arbeiter und Angestellte von ihren Arbeitsplätzen verdrängt. Sinti und Roma verloren ihren Anspruch auf Lohnfortzahlung bei Krankheit und an Feiertagen. Bis zu ihrer Deportation nach Auschwitz mussten Sinti und Roma 15 Prozent ihres Einkommens als Sonderzuschlag zur Einkommenssteuer zahlen.
»1928 wurde ich in Elbing (Westpreußen) eingeschult. Dass wir Sinti-Kinder zur damaligen Zeit Diskriminierungen irgendwelcher Art erlebt hätten, kann ich nicht sagen. Mein Vater war Musiker und Instrumentenbauer, und es ging uns nach den damaligen Verhältnissen recht gut. ...

Mein Vater lehrte 1918 einen Herrn Neumann, der später in den Jahren 1936/37 in Allenstein (Ostpreußen) mein Lehrmeister war. Von meinem Vater her hatte ich natürlich schon Talent mitgebracht; ich musste meine Lehre jedoch nach 14 Monaten auf Veranlassung der Partei (Reichslehrinnung) aufgeben. Als Nicht-Gelernter musste ich in einer Maschinenfabrik arbeiten.«

Merke: Das »Berufsbeamtengesetz« sah vor, dass Beamte, die »nichtarischer Abstammung« waren, in den Ruhestand zu versetzen sind. Das betraf Sinti und Roma in gleicher Weise wie Juden. In der Folgezeit wurden Sinti und Roma aus Berufsorganisationen ausgeschlossen, da sie keinen »Ariernachweis« erbringen konnten 1933

Das im Juli 1933 verabschiedete Gesetz zur »Verhütung erbkranken Nachwuchses« wurde auch auf Sinti und Roma angewandt, um sie zwangsweise zu sterilisieren.

Merke: Gesetz zur »Verhütung erbkranken Nachwuchses« (Juli 1933).

Ab 1935

Am 15. September 1935 wurde das sogenannte »Blutschutzgesetz« beschlossen, welches die Eheschließung zwischen »Ariern und Nicht-Ariern« verbot. So wurden Heiraten zwischen Sinti/Roma und Nichtsinti/Nichtroma verboten. In der Folgezeit wurden Sinti und Roma, die diesem Gesetz zuwiderhandelten, wegen »Rassenschande« (siehe Rassenideologie und Rassenhygienische Forschungsstelle beim Reichsgesundheitsamt) in Konzentrationslager deportiert. Selbst Nicht-Sinti, die mit Sinti verheiratet waren, waren von »Verfolgungsmaßnahmen« betroffen oder wurden in Lager verschleppt. So wurde beispielsweise der Sinto Wilhelm Hoff, der in Köln wohnte, unter Androhung von KZ-Haft gezwungen, sich von seiner »deutschblütigen« Lebensgefährtin zu trennen. Er wurde festgenommen und in das Konzentrationslager Buchenwald verschleppt, wo er ermordet wurde. Seine Lebensgefährtin kam in Untersuchungshaft. Nach Kriegsbeginn wurden auch in den von Deutschland besetzten Gebieten entsprechende Bestimmungen erlassen.

Merke: 1. Ausführungsverordnung zum »Blutschutzgesetz« § 6 »Eine Ehe soll ferner nicht geschlossen werden, wenn aus ihr eine die Reinerhaltung des deutschen Blutes gefährdende Nachkommenschaft zu erwarten ist« (14. November 1935).

Ausschluss aus dem öffentlichen Leben: Am 15. September 1935 wurde auf dem Nürnberger Parteitag der NSDAP auch das sogenannte »Reichsbürgergesetz« verkündet, welches alle Staatsbürger jüdischen Glaubens zu Menschen mit eingeschränkten Rechten herabwürdigte. Mit den »Nürnberger Gesetzen« und den darauf folgenden 13 Durchführungsverordnungen wurden auch Sinti und Roma immer mehr aus dem öffentlichen Leben ausgeschlossen. In vielen Städten durften Sinti und Roma nur noch zu festgesetzten Zeiten und in wenigen ausgewählten Geschäften einkaufen oder nur bestimmte Verkehrsmittel benutzen. Vermieter wurden unter Druck gesetzt, keine Mietverträge mit Sinti und Roma mehr abzuschließen und bereits bestehende zu lösen. Im schwäbischen Reutlingen wurden beispielsweise Hausbesitzer, die an Sinti und Roma vermieteten, listenmäßig erfasst. Zwischen 1937 und 1942 wurden Sinti und Roma aus der Wehrmacht ausgeschlossen. In vielen Orten ist der Ausschluss von Sinti-Kindern und -Jugendlichen aus den öffentlichen Schulen dokumentarisch belegt. Teilweise kamen sie in sogenannte »Zigeunerklassen«, so z.B. in Köln in die jüdische Schule Löwengasse.

Merke: Runderlass des Reichs- und Preußischen Ministers des Inneren, Frick, »Über das Verbot von Rassemischehen« »der Standesbeamte (hat) das Ehetauglichkeitszeugnis nur zu verlangen, (wenn) eine für das deutsche Blut ungünstige Nachkommenschaft (zu) befürchten (ist), z.B. bei deutschblütigen Personen mit Zigeunern« (26. November 1935).

»Ich bin in Koblenz in die Schule gegangen. Mit sieben Jahren bin ich in die Schule gekommen, und zwar in die Thielen-Schule. Drei Jahre war ich dort in der Schule. Das ist etwas, an das ich mich genau erinnere, mein erster Tag, als ich zur Schule gehen konnte ... Zur Schule gehen zu können, darauf war ich stolz. Das war für mich schlimm, sehr sehr schlimm, nicht mehr zur Schule gehen zu dürfen ... die Jahre, in denen ich hätte etwas lernen können, die sind so verstrichen, ohne dass ich eine Möglichkeit gehabt hätte ... Es war damals im Mai 1940. Wir sind morgens früh, um sechs, sieben Uhr, von der Gestapo oder Kriminalpolizei, die Männer waren in Zivil, aus der Wohnung herausgeholt worden. Wir sind in eine Schule gekommen, wo die ganzen Sinti von Koblenz gesammelt wurden, mindestens 25 Familien.«

Sinti und Roma wurde auch die Aufnahme in Krankenhäusern untersagt. So wurden z.B. in Köln »krankenhauspflegebedürftige Zigeuner in allen Fällen dem israelitischen Asyl in Köln-Ehrenfeld überwiesen«. Auch der Besuch von Lokalen, Kinos oder Theatern war vielerorts verboten.

»Ich wollte mal mit den anderen Kollegen ins Kino gehen. Und der T. (Gestapomann, Verf.) stand an der Kasse. Er hat mich nicht ins Kino gelassen. ›Für Dich ist das verboten. Du weißt das doch. Du bist doch ein Zigeuner.‹ Ich habe noch gesagt, dass ich die gleichen Pflichten wie jeder Deutsche (habe), mein Vater ist Soldat, der ist an der Front, dann möchte ich auch die gleichen Rechte haben wie jeder Deutsche. Dann hat er zu mir gesagt: ›Kerl, hau ab, sonst schlage ich Dir in die Fresse.‹ Danach bin ich nie wieder zum Kino gegangen. Der hätte mich schon vorher ins KZ bringen lassen ...«

Aus dem Kommentar zu den sogenannten »Nürnberger Gesetzen« von Stuckart und Globke: »Grundsätzlich sollen nur Staatsangehörige deutschen oder artverwandten Blutes das Reichsbürgerrecht erlangen (...) Artfremdes Blut ist alles Blut, das nicht dem deutschen Blute verwandt ist. Artfremdes Blut sind in Europa regelmäßig nur Juden und Zigeuner. Artfremde erhalten das Reichsbürgerrecht grundsätzlich nicht« (1936).

Ausführungserlass von Reichsinnenminister Frick: »Zu den artfremden Rassen gehören in Europa außer den Juden regelmäßig nur die Zigeuner« (3. Januar 1936).

Auf Grund des »Reichsbürgergesetzes« vom 15.9.1935 wurde Sinti und Roma das Wahlrecht entzogen.

Nach 1943

»2. Verordnung über die Deutsche Volksliste und die deutsche Staatsangehörigkeit in den eingegliederten Ostgebieten« »Juden, Zigeuner sowie jüdische Mischlinge« erfüllen die Voraussetzungen zur Aufnahme in die Deutsche Volksliste grundsätzlich nicht, »ohne dass es einer bestimmten Feststellung bedarf« (31. Januar 1942).

In der 12. Verordnung vom 25.4.1943 wurde Sinti und Roma, nachdem sie ohnehin schon nur den minderen Rechtsstatus als »Staatsangehörige des Deutschen Reiches« hatten, auch dieser aberkannt. Zu diesem Zeitpunkt waren bereits fast alle deutschen Sinti und Roma in das Vernichtungslager Auschwitz-Birkenau deportiert worden.

Kommunale Konzentrationslager für Sinti und Roma: Vor den Olympischen Spielen in Berlin im Jahre 1936, wurde als erstes kommunales NS-Zwangslager für Sinti und Roma das Lager Berlin-Marzahn errichtet. In den folgenden Jahren wurden derartige Lager in vielen deutschen Städten eingerichtet, so in Köln, Düsseldorf, Kiel, Frankfurt/Main. Erklärtes Ziel war die vollständige Isolation der Minderheit. Jeder Kontakt zur übrigen Bevölkerung sollte unterbunden werden. Zugleich dienten die kommunalen Konzentrationslager als Sammellager für die späteren Deportationen.

»In einem großen Lastauto wurden wir alle gemeinsam zu einem Internierungslager für Sinti und Roma in die Dieselstraße (Frankfurt/M.) gebracht. Meine Familie, die zuvor in einer Fünfzimmerwohnung gewohnt hatte, wurde gezwungen, in einem primitiven Bauwagen zu leben. Dort gab es kein Licht, kein Gas, keine Elektrizität, gar nichts. Es waren keine Toiletten vorhanden, kein Wasser – es war grausam. Es gab nur einen alten Tisch, zwei Stühle, und hinten waren zwei Bretter aufgestellt, das sollte offenbar das Schlafzimmer sein, für neun Personen. Die beiden Hauptwachtmeister Himmelheber und Maiwald haben unsere Namen notiert und uns zu den Bauwagen gebracht. Jeden Abend mussten wir raustreten zum Appell, wo wir alle durchgezählt wurden; ab 10 Uhr musste absolute Ruhe sein. Während der Nacht sind Polizeistreifen mit Hunden gelaufen, damit niemand über den Zaun, mit dem das Lager umgeben war, fliehen konnte. Für uns Kinder gab es ein generelles Verbot, das Lager zu verlassen.«

»Betr.: Umsiedlung von Zigeunern« »Die Verschubung der in Mainz zurückgebliebenen Zigeuner und Zigeunerinnen, insgesamt 16 Personen, erfolgt am 24.6.40. Eintreffen in Frankfurt/M. Zigeunerlager, Dieselstraße 40: 24.6.40 um 9 Uhr« (20. Juni 1940).

Antiziganistische Hetzpropaganda: Die Nationalsozialisten nutzten Presse, Funk, Film und Schulbücher zur Schürung des Antiziganismus. Sinti und Roma wurden systematisch rassistisch diffamiert und kriminalisiert. So sollten sie nach und nach von ihren Nachbarn isoliert werden; die Deportationen von Isolierten und Verfemten waren so für das Regime ohne Risiko durchzuführen. Sie mussten keine Solidarisierung der Bevölkerung mit den Verfolgten befürchten.

Anordnung von Reichsinnenminister Frick für die Presse: In »allen Fällen, in denen strafbare Handlungen von Juden begangen (worden), sind, (ist) dies auch besonders zum Ausdruck zu bringen« (7. Dezember 1935).

Dies wurde in gleicher Weise auf Sinti und Roma angewandt.

Stereotypen der sogenannten »rassischen Fremdheit« als scheinbare Rechtfertigung dieser Hetze gegen Sinti und Roma waren in der Öffentlichkeit weit verbreitet, in der NS-Presse ebenso wie in medizinischen Fachzeitschriften oder in den Lehrbüchern der Schulen. So hieß es zum Beispiel in Zeitungsartikeln: »Zigeuner und Affen«, »Fremdlinge unter uns«, »Wir können mitten unter uns keine Fremdkörper dulden«, »Ratten, Wanzen und Flöhe sind auch Naturerscheinungen, ebenso wie die Juden und die Zigeuner«. Die Sprache dieser Hetzartikel – in denen Sinti und Roma als »minderwertig« diffamiert und auf eine Stufe mit Tieren gestellt wurden – nimmt bereits jene Entmenschlichung vorweg, die wenige Jahre später in den Vernichtungslagern grausame Realität werden sollte. Jahrelange Indoktrination der Bevölkerung durch NS-Journalisten und -Autoren trug dazu bei, ein gesellschaftliches Klima zu schaffen, in welchem die Verschleppung der Sinti und Roma aus ihren Heimatorten in die Lager und ihre Ermordung schließlich ohne Proteste hingenommen wurde.

Die öffentliche Präsenz des antiziganistischen »Zigeuner-»Bildes – nicht nur in der NS-Propaganda – förderte insofern nachhaltig die staatlichen Verfolgungsmaßnahmen.

Schritte zur »endgültigen Lösung der Zigeunerfrage: Durch eine Kombination von Gesetzen und Maßnahmen auf Reichsebene mit zahllosen regionalen oder lokalen Verordnungen und Bestimmungen gegen Sinti und Roma wurde deren Lebenskreis systematisch immer weiter eingeengt. Schließlich wurde ihnen das Existenzrecht abgesprochen. Die zahllosen gegen Sinti und Roma gerichteten Sonderbestimmungen werden in überlieferten Akten sichtbar und lassen vielleicht erahnen, was es für die Betroffenen bedeutete, tagtäglich einer nahezu schrankenlosen Willkür ausgeliefert zu sein. Parteistellen, staatliche Stellen und sogenannte »Rasseforscher« im Dienste der »rassenideologischen« Zielsetzung der Nationalsozialisten arbeiteten eng zusammen, um Sinti und Roma zu erfassen, auszugrenzen, zu kennzeichnen, zu deportieren und zu vernichten. Als Heinrich Himmler, Reichsführer SS und Chef der Deutschen Polizei, in einem Runderlass vom 8. Dezember 1938 erklärte, die »Regelung der Zigeunerfrage aus dem Wesen der Rasse heraus in Angriff zu nehmen«, waren bereits viele Sinti und Roma in die Konzentrationslager Dachau, Buchenwald, Sachsenhausen und Mauthausen deportiert worden. Bis zum Mai 1945 wurden hunderttausende Sinti und Roma Opfer des Holocaust.

»Wir sind in solchen Viehwaggons nach Polen gekommen, das heißt in das besetzte Polen, in das Generalgouvernement, wie es die Nazis nannten. Der Transport ging über Köln, dort war eine der zentralen Sammelstellen für Westdeutschland. In den Kölner Messehallen waren hunderte Sinti zusammengebracht worden, und von dort aus ging der Zug nach Polen. Ich war zehn Jahre alt, an viele Einzelheiten kann und will ich mich nicht mehr entsinnen ...«

Runderlass: Es sei »die Regelung der Zigeunerfrage aus dem Wesen der Rasse heraus in Angriff zu nehmen.« Die »Feststellung« der »Zigeuner«-Zugehörigkeit treffe das »Reichssicherheitshauptamt« aufgrund von Robert Ritters »Rassegutachten« (8. Dezember 1938).[2]

Nach 1945

Ausgebürgert, enteignet und mittellos kehrten die Überlebenden in ihre Heimat zurück. (...) Angesichts der ohnehin schwierigen ökonomischen Lage in der Nachkriegszeit kann die Situation der Minderheit nur als absolut desolat bezeichnet werden. Entschädigungsleistungen wären in dieser Lage nicht nur eine moralische Anerkennung, sondern vielmehr eine notwendige Grundlage künftiger Existenzsicherung gewesen. Allein, sie blieben aus.

Bereits im Februar 1950 gab der Finanzminister von Baden-Württemberg mit seinem Runderlass E 19 folgende Anweisung an die Wiedergutmachungsbehörden heraus, den Rose im Folgenden zitiert: »Die Prüfung der Wiedergutmachungsberechtigung der Zigeuner und Zigeunermischlinge (so der alte Nazijargon R.R.) nach den Vorschriften des Entschädigungsgesetzes hat zu dem Ergebnis geführt, dass der genannte Personenkreis überwiegend nicht aus rassischen Gründen, sondern wegen seiner asozialen und kriminellen Haltung verfolgt und inhaftiert worden ist. Aus diesen Gründen ordnen wir hiermit an, dass Wiedergutmachungsanträge von Zigeunern und Zigeunermischlingen zunächst dem Landesamt für Kriminalerkennungsdienst in Stuttgart zugeleitet werden.«

Solche und ähnliche ministerielle Anweisungen entstanden nach 1945 vor allem auf Betreiben derjenigen Polizeibeamten, die unter Himmler im RSHA für die Deportationen verantwortlich waren. Das hatte ernste Folgen für die Betroffenen; Romani Rose dokumentiert ein Beispiel: »Als Anna Eckstein 1951 in Karlsruhe einen Antrag auf Wiedergutmachung stellt, wird sie von der Kriminalpolizei vorgeladen und steht plötzlich vor Leo Karsten, dem ehemaligen SS-Mann und Leiter der ›Dienststelle für Zigeunerfragen‹ im Berliner Polizeipräsidium. (...) Wie damals wird sie erkennungsdienstlich behandelt. (...) In den ›alten Zigeunerakten‹ finden sich auch ihre Deportationsnummer und sämtliche Angaben über ihre Familie. Am Ende wird Anna Ecksteins Antrag mit der Bemerkung abgelehnt, dass sie im Mai 1940 ja doch lediglich ›aus Sicherheitsgründen‹ nach Polen ›evakuiert‹ worden sei.«

Die Wiedergutmachungsämter hatten sich für die erforderlichen Gesundheitsuntersuchungen an Ärzte und Gutachter gewandt, an die Sinti und Roma furchtbare Erinnerungen hatten; viele waren an den rassehygienischen Untersuchungen beteiligt gewesen oder vertraten biologistische Erklärungsmodelle. Sie traten bis in die sechziger Jahre hinein in Wiedergutmachungsverfahren als Gutachter auf. Ihre Ablehnungsstrategien variierten z.B. darin, dass Verfolgungsschäden als »anlagebedingt« zurückgewiesen wurden oder indem regelmäßig eine verfolgungsbedingte Erwerbsminderung von weniger als 25 % bescheinigt wurde. In diesen Fällen konnten die Behörden Renten oder Vergleichszahlungen für Gesundheitsschäden ablehnen.

Das antiziganistische Skandalurteil des Bundesgerichtshofes (BGH) vom Januar 1956 wies die Ansprüche einer Überlebenden ab, indem ihre Deportation als ›Umsiedlung‹ gewertet wurde, die keine nationalsozialistische Gewaltmaßnahme im Sinne des § 1 des Bundesentschädigungsgesetzes darstelle. In der Urteilsbegründung wird der antiziganistische Gehalt offenkundig: »Die Zigeuner neigen zur Kriminalität, besonders zu Diebstählen und zu Betrügereien. Es fehlen ihnen vielfach die sittlichen Antriebe zur Achtung vor fremdem Eigentum, weil ihnen wie primitiven Urmenschen ein ungehemmter Okkupationstrieb eigen ist.« (…)

Der Bundestag eröffnete 1965 durch eine entsprechende Gesetzesänderung eine erneute Antragsmöglichkeit für die »Zigeuner, deren Entschädigungsanspruch für die zwischen 1938 und 1943 erlittene Verfolgung aufgrund des BGH-Urteils von 1956 rechtskräftig abgelehnt worden ist, …« (…)

Als die Bürgerrechtsbewegung der Sinti und Roma ab 1979 mit einer Kundgebung im ehemaligen KZ Bergen-Belsen und besonders 1980 mit einem Hungerstreik im KZ Dachau zunehmend öffentliche Aufmerksamkeit fand, veranlasste dies den Bundestag, 1981 eine außergesetzliche Regelung in Form einer Pauschalentschädigung von bis zu DM 5.000,– für bisher noch nicht entschädigte und noch lebende Verfolgte des NS-Regimes zu treffen: Die sogenannte »Härteregelung«, ein Fond, über den der Bundesfinanzminister nach den vom Parlament festgelegten Richtlinien entscheidet. Die »Härteregelung« von 1981 schließt aber von den Nazis verfolgte Sinti und Roma, die bereits vom alten Entschädigungsgesetz wegen den NS-Kategorien wie »Spione«, »Asoziale« u.a. abgelehnt wurden oder auch nur so erstaunliche Entschädigungssummen wie DM 53,– oder DM 124,– (als Rückerstattung »Rassen-Sondersteuer« bei der Lohnsteuer) erhalten hatten, von neuem aus. Erst in den letzten Jahren ist in einigen Bundesländern eine veränderte Wiedergutmachungspolitik sichtbar geworden.

Mit einer kleinen Pauschale wurden 2001 und 2002 Zwangsarbeiter entschädigt, die noch immer lebten und für die entsprechende Nachweise vorlagen, außerdem, wer in Auschwitz und anderen Konzentrationslagern war, dies belegen konnte und bislang keinerlei Entschädigung erhalten hatte.

Wer jedoch vom Schulbesuch ausgeschlossen und deportiert wurde, aber entkam, bekommt für die Zeit der Ausgrenzung bis heute nichts. Die Beweislast liegt beim Antragsteller.[3]

Zusammengestellt aus Texten von Daniel Strauß:

1 Geschichte antiziganistischer Verfolgung, in: Ch. Ortmeyer / D. Strauß: Antiziganismus. Geschichte und Gegenwart deutscher Sinti und Roma, LEU Stuttgart 2002, S. 142.

2 Ebd., S. 42–46.

3 »da muss man wahrhaft alle Humanität ausschalten …«. Zur Nachkriegsgeschichte der Sinti und Roma in Deutschland, in: Landeszentrale für politische Bildung Baden-Württemberg und Verband Deutscher Sinti und Roma, Landesverband Baden-Württemberg (Hg.): »Zwischen Romantisierung und Rassismus«, Sinti und Roma, 600 Jahre in Deutschland, Stuttgart 1998.

CHRONOLOGIE
DES VÖLKERMORDES AN SINTI UND ROMA

1931

Beginn der Erhebungen über die beiden »außereuropäischen Fremdrassen« in Deutschland (Juden und »Zigeuner«) durch die »NS-Auskunftei« des »SD des Reichsführers SS« in München.

1933

Forderung des »Rasse- und Siedlungsamtes« der SS in Berlin, die »Zigeuner und Zigeunermischlinge« zu sterilisieren. In der Folgezeit Berufsverbote und zahlreiche weitere Maßnahmen zur Ausgrenzung der Minderheit aus allen Bereichen des öffentlichen Lebens.

15. September 1935

Verkündung der »Nürnberger Rassegesetze«. Dazu Reichsinnenminister Frick am 3. Januar 1936: »zu den artfremden Rassen gehören … in Europa außer den Juden regelmäßig nur die Zigeuner«. Die Heirat von Sinti mit Nicht-Sinti wird verboten.«

November 1936

Einrichtung der »Rassenhygienischen Forschungsstelle« unter Leitung von Dr. Robert Ritter im Reichsinnenministerium.

August 1938

Himmlers »Rassenforscher« Dr. Adolf Würth: »Die Zigeunerfrage ist für uns heute in erster Linie eine Rassenfrage. So wie der nationalsozialistische Staat die Judenfrage gelöst hat, so wird er auch die Zigeunerfrage grundsätzlich regeln müssen.«

13.–18. Juni 1938

Wcitere Deportationen nach dem Kriterium »Zigeuner, erwachsen und standesamtlich nicht verheiratet« in die Konzentrationslager Sachsenhausen, Dachau, Buchenwald und später nach Mauthausen.

1. Oktober 1938

Übernahme der NS-»Zigeunerpolizeistelle« München in das Reichskriminalpolizeiamt (ab 27.9.1939 Amt V des »Reichssicherheitshauptamtes«, RSHA) unter Leitung von SS-Oberführer Arthur Nebe, dem nun auch Ritter untersteht. Die Deportation der Juden und »Zigeuner« führt Adolf Eichmann im Amt IV, B4 durch. Die Gestapo zieht das bei den Deportationen geraubte Vermögen der Sinti und Roma ein.

Dezember 1938

Himmlers »Grunderlass«: Es sei »die Regelung der Zigeunerfrage aus dem Wesen der Rasse heraus in Angriff zu nehmen«. Die »Feststellung« der »Zigeuner«-Zugehörigkeit erfolgt aufgrund von Ritters »Rassegutachten«.

März 1939

Im »Altreich« werden Verordnungen zur besonderen Kennzeichnung der Sinti und Roma erlassen und besondere »Rasseausweise« ausgegeben. Später werden auch in den besetzten Gebieten entsprechende Vorschriften für Sinti und Roma verfügt: Ihre Ausweise werden mit einem »Z« versehen; vielerorts müssen sie wie die Juden besondere Armbinden tragen.

21. September 1939

Besprechung des Amtschefs der Sicherheitspolizei und der Leiter der Einsatzgruppen unter Vorsitz Heydrichs zur Vorbereitung der Deportation der »restlichen 30.000 Zigeuner« aus dem Reichsgebiet ins besetzte Polen.

13. Oktober 1939

SS-Hauptsturmführer Braune benachrichtigt Eichmann, SS-Oberführer Nebe bitte »um Auskunft, wann er die Berliner Zigeuner schicken kann«.

16. Oktober 1939

Der »SD Donau« teilt SS-Oberführer Nebe mit, dem ersten, am 20. Oktober 1939 von Wien abgehenden »Judentransport können drei bis vier Waggons Zigeuner angehängt werden. Transporte gehen regelmäßig von Wien, Mährisch-Ostrau und Kattowitz ab.«

17. Oktober 1939

Himmlers »Festschreibungserlass«. Allen Sinti und Roma wird unter Androhung von KZ-Haft verboten, ihre Heimatorte zu verlassen. Die dem »Reichssicherheitshauptamt« unterstellten 21 »Zigeunerleitstellen« von Königsberg, Prag, Wien, München bis Hamburg haben KZ-ähnliche Sammellager zur Vorbereitung der Abtransporte in die Konzentrationslager einzurichten.

30. Januar 1940

Konferenz Heydrichs mit SS-Führern zur Deportation von »sämtlichen Juden der neuen Ostgaue und 30.000 Zigeunern aus dem Reichsgebiet in das Generalgouvernement«.

27. April 1940

Himmlers Anordnung zur Deportation von 2.500 deutschen Sinti und Roma in das besetzte Polen. Die Deportationszüge mit den Sinti- und Roma-Familien in das »Generalgouvernement« gehen im Mai von Hamburg, Köln und Hohenasperg bei Stuttgart ab.

1940

Im KZ Lackenbach südlich von Wien ermordete Sinti und Roma werden auf dem jüdischen Friedhof in Massengräbern beerdigt, die anderen 1941 über das Ghetto von Lodz in das Vernichtungslager Chelmno deportiert.

7. August 1941

Erlass Himmlers: Über weitere KZ-Deportationen deutscher Sinti und Roma »entscheidet das Reichskriminalpolizeiamt aufgrund eines Rassegutachtens«. Die »Rassenhygienische Forschungsstelle« erstellt bis Ende 1944 rund 24.000 »Gutachten«.

Ab Sommer 1941

Sinti und Roma werden hinter der Ostfront systematisch von den sogenannten Einsatzgruppen sowie Einheiten der Wehrmacht und der Ordnungspolizei erschossen. SS-Einsatzgruppenleiter Otto Ohlendorf am 15. September 1947 im Nürnberger Kriegsverbrecherprozess: »Es bestand kein Unterschied zwischen den Zigeunern und den Juden, für beide galt damals der gleiche Befehl.«

10. Oktober 1941

Besprechung unter der Leitung Heydrichs »über die Lösung der Judenfrage« und »die zu evakuierenden Zigeuner« im »Protektorat Böhmen und Mähren«.

Januar 1942

Die letzten überlebenden Sinti und Roma aus dem Ghetto Lodz werden im Vernichtungslager Chelmno in Vergasungswagen ermordet. Im Februar werden alle ostpreußischen Sinti- und Roma-Familien, meist Bauern mit Höfen und Vieh, in das KZ Bialystok und von dort 1943 nach Auschwitz deportiert.

7. Juli 1942

Der Reichskommissar für das »Ostland« über die »Zigeuner«: »Ich bestimme, dass sie in der Behandlung den Juden gleichgestellt werden.«

29. August 1942

Aufzeichnung der deutschen Militärverwaltung in Serbien: Dort sei u.a. mit Hilfe von Vergasungswagen die »Judenfrage und die Zigeunerfrage gelöst«.

14. September 1942

Reichsjustizminister Thierack protokolliert zur Besprechung mit Goebbels: »Hinsichtlich der Vernichtung asozialen Lebens steht Dr. Goebbels auf dem Standpunkt, dass Juden und Zigeuner: schlechthin vernichtet werden sollen. Der Gedanke der Vernichtung durch Arbeit sei der beste.« Am 18. September 1942 erörtert Thierack mit Himmler, Streckenbach und anderen SS-Führern die Durchführung des Programms in SS-Unternehmen, deutschen Rüstungsbetrieben und Konzentrationslagern.

2. Dezember 1942

Geheimes Schreiben des Leiters der Partei-Kanzlei, Martin Bormann, aus dem »Führerhauptquartier« an Himmler im »Reichssicherheitshauptamt«, »der Führer würde es nicht billigen«, einzelne »Zigeuner« für die »Erforschung germanischen Brauchtums« von den »derzeitigen Maßnahmen« der Vernichtung auszunehmen.

16. Dezember 1942

Himmlers »Auschwitz-Erlass« für die Deportation von 22.000 Sinti und Roma aus Europa, davon die letzten 10.000 aus dem Reichsgebiet, in den als »Zigeunerlager« bezeichneten Abschnitt des KZ Auschwitz-Birkenau.

März 1943

Märzdeportationen nach Auschwitz* (15. März ab Stuttgart, 22. März ab Mannheim usw.)

Mai 1943

Dr. Josef Mengele wird SS-Lagerarzt von Auschwitz. Als erstes schickt er mehrere hundert Sinti und Roma ins Gas. Seine von der Deutschen Forschungsgemeinschaft und dem Kaiser-Wilhelm-Institut geförderte »Zwillingsforschung« setzt er durch Tötung von Juden- und Sinti-Kindern fort.

16. Mai 1944

Der Versuch der KZ-Kommandantur, die noch lebenden 6000 Sinti und Roma des »Zigeunerlagers« in die Gaskammern zu bringen, scheitert am Widerstand der mit Spaten, Stangen und Steinen sich wehrenden Männer.

2. August 1944

Auflösung des »Zigeunerlagers« in Auschwitz-Birkenau. Von den im Juli 1944 noch lebenden 6.000 Sinti und Roma werden 3.000 in andere Konzentrationslager deportiert, die anderen 3.000 – meist Kinder, Frauen und Alte – werden in der Nacht auf den 3. August in den Gaskammern ermordet.

Mai 1945

Die Zahl der in Europa bis Kriegsende in Konzentrationslagern und von SS-»Einsatzgruppen« ermordeten Roma und Sinti wird auf eine halbe Million geschätzt. Von den durch die Nazis erfassten 40.000 deutschen und österreichischen Sinti und Roma wurden über 25.000 ermordet.

Aus: Romani Rose (Hg.): »Den Rauch hatten wir täglich vor Augen«. Der nationalsozialistische Völkermord an den Sinti und Roma, Heidelberg 1999, S. 362–365.

---

* Ergänzung von Andreas Hoffmann-Richter, vgl. Gedenkbuch. Die Sinti und Roma im Konzentrationslager Auschwitz-Birkenau, 2 Bände, München 1993.

Alltagsrassismus ist die Übernahme von Rassismus in alltägliche Situationen durch Denk- und Handlungsformen, die die dahinter liegenden Machtstrukturen stabilisieren und verfestigen. Es handelt sich dabei um einen ununterbrochenen Prozess, bei dem Rassismus in all seinen Ausformungen nicht mehr befragt wird und von den dominierenden Gruppen als »normal« und allgemein gebräuchliches Verhaltensmuster betrachtet wird.

Allein in der Sprache finden sich viele häufig gebrauchte Redewendungen, die z.B. Migrantinnen und Migranten, Frauen oder Behinderte diskriminieren (…).

Eine typische Rassismusfalle beginnt z.B. auch mit dem Wörtchen »aber«: »Ich habe zwar nichts gegen Afrikaner, aber …«. Deutlich wird der eingeleitete Widerspruch zu dem vorher Gesagten, bei dem wir – fast ohne es zu merken – plötzlich die Gegenposition beziehen.

Wenn rassistische Vorstellungen und Handlungen das tägliche Leben durchziehen und zum Bestandteil der Aufrechterhaltung gesellschaftlichen Lebens werden, dann hat die Gesellschaft begonnen, Alltagsrassismus zu produzieren und ihn zu rechtfertigen.

Aus der Broschüre »Rassismus begreifen. Was ich immer schon über Rassismus und Gewalt wissen wollte«, hg. u.a. von der Aktion Courage – SOS Rassismus / Schule ohne Rassismus in Bonn und der Arbeitsgruppe SOS Rassismus NRW (c/o Amt für Jugendarbeit der Evangelischen Kirchen von Westfalen, Ralf-Erik Posselt, Haus Villigst, 58239 Schwerte), Villigst 1997, S. 19.

M 12　　ANTIZIGANISMUS

Mit diesem Begriff, der erst in den 1980er Jahren geprägt wurde, werden spezifische Vorurteile gegen die Minderheit der Sinti und Roma bezeichnet, die weitaus massiver, langlebiger und ausgrenzender sind als die gegen andere nationale, ethnische und religiöse Minderheiten. Es handelt sich dabei nicht einfach um eine beliebige Form der Vorbehalte gegenüber Fremden, sondern um ein neben dem Antisemitismus zweites Grundmuster der Xenophobie. Mit Antiziganismus bezeichnet man sowohl die Gegnerschaft gegenüber Sing und Roma im Rahmen politischer Bewegungen mit nationalistischen und rassistischen Programmen als auch die Gesamtheit der Bilder und Mythen vom »Zigeuner«, die gängigen Klischees, die Bestandteil des kulturellen Erbes in Literatur, Musik usw. geworden sind. Der traditionelle Antiziganismus greift auf jahrhundertealte, überwiegend negative Stereotypen zurück. Die politische Konsequenz dieses Antiziganismus Ende des 15. Jahrhunderts waren u.a. Verordnungen und Erlasse, nach denen Sinti als »Vogelfreie« jederzeit straffrei ausgepeitscht, eingesperrt oder getötet werden konnten. Auf ökonomischem Gebiet führte Antiziganismus zur Nichtaufnahme in die Zünfte, zum Verbot des Erwerbs von Grundbesitz. Der rassistische Antiziganismus des 19. und 20. Jahrhunderts orientierte sich nicht mehr an den alten Schemata antiziganistischer Vorurteilsbildung. Die nationalsozialistischen Völkermordverbrechen gründeten in einer Verwissenschaftlichung des Rassismus. Erst der biologistische Rassenbegriff hat das Umschlagen der traditionellen Zigeunerdiskriminierung in die Vernichtungs- und Völkermordpolitik des nationalsozialistischen Regimes ermöglicht. Auch nach 1945 existierte eine auf Antiziganismus begründete Politik. Diese kam unter anderem in der Fortführung von »Zigeuner«- und »Landfahrer«-Karteien, in der jahrzehntelangen Verweigerung von Wiedergutmachungsleistungen – zum Teil mit offen rassistischen Argumenten, wie sie sich beispielsweise in einem Urteil des Bundesgerichtshofes von 1956 zeigten und nicht zuletzt in der Leugnung eines systematischen Völkermordes an den Sinti und Roma zum Ausdruck kommen. Mit der sogenannten Zigeunerforschung, die nach 1945 in den überlieferten antiziganistischen Traditionen fortgeführt wurde, wurde der Versuch unternommen, antiziganistische Bilder mit Hilfe der Völkerkunde zu verlegen. Sinti/Roma werden so zu Studienobjekten gemacht.

Umfragen von Meinungsforschungsinstrumenten belegen bis heute einen erheblichen Anteil von Hass und Vorurteilen bei der Mehrheitsentwicklung gegenüber Sinti/Roma. Nach einer EMNID-Umfrage von 1994 bekannten sich 68 % der Befragten offen zu ihren Vorurteilen gegenüber »Zigeunern«.

Rassismus ist der Glaube, dass menschliche Populationen sich in genetisch bedingten Merkmalen von sozialem Wert unterscheiden, so dass bestimmte Gruppen gegenüber anderen höherwertig oder minderwertig sind. Es gibt keinen überzeugenden wissenschaftlichen Beleg, mit dem dieser Glaube gestützt werden könnte.

Die Revolution in unserem Denken über Populationsgenetik und molekulare Genetik hat zu einer Explosion des Wissens über Lebewesen geführt. Zu den Vorstellungen, die sich tiefgreifend gewandelt haben, gehören die Konzepte zur Variation des Menschen. Das Konzept der »Rasse«, das aus der Vergangenheit in das 20. Jahrtausend übernommen wurde, ist völlig obsolet geworden. Dessen ungeachtet ist dieses Konzept dazu benutzt worden, gänzlich unannehmbare Verletzungen der Menschenrechte zu rechtfertigen. Ein wichtiger Schritt, einem solchen Missbrauch genetischer Argumente vorzubeugen, besteht darin, das überholte Konzept der »Rasse« durch Vorstellungen und Schlussfolgerungen zu ersetzen, die auf einem gültigen Verständnis genetischer Variationen beruhen, das für menschliche Populationen angemessen ist.

»Rassen« des Menschen werden traditionell als genetisch einheitlich, aber untereinander verschieden angesehen. Diese Definition wurde entwickelt, um menschliche Vielfalt zu beschreiben, wie sie beispielsweise mit verschiedenen geographischen Orten verbunden ist. Neue, auf den Methoden der molekularen Genetik und mathematischen Modellen der Populationsgenetik beruhende Fortschritte der modernen Biologie zeigen jedoch, dass diese Definition völlig unangemessen ist. Die neuen wissenschaftlichen Befunde stützen nicht die frühere Auffassung, dass menschliche Populationen in getrennte »Rassen« wie »Afrikaner«, »Eurasier« (einschließlich eingeborener Amerikaner) oder irgendeine größere Anzahl von Untergruppen klassifiziert werden könnten.

Im einzelnen können zwischen den menschlichen Populationen, einschließlich kleinerer Gruppen, genetische Unterschiede festgestellt werden. Diese Unterschiede vergrößern sich im Allgemeinen mit der geographischen Entfernung, doch die grundlegende genetische Variation zwischen Populationen ist viel weniger ausgeprägt. Das bedeutet, dass die genetische Diversität beim Menschen gleitend ist und keine größere Diskontinuität zwischen den Populationen anzeigt. Befunde, die diese Schlussfolgerungen stützen, widersprechen der traditionellen Klassifikation in »Rassen« und machen jedes typologische Vorgehen völlig unangemessen. Darüber hinaus hat die Analyse von Genen, die in verschiedenen Versionen (Allelen) auftreten, gezeigt, dass die genetische Variation zwischen den Individuen innerhalb jeder Gruppe groß ist, während im Vergleich dazu die Variation zwischen den Gruppen verhältnismäßig klein ist.

Es ist leicht, zwischen Menschen aus verschiedenen Teilen der Erde Unterschiede in der äußeren Erscheinung (Hautfarbe, Morphologie des Körpers und des Gesichts, Pigmentierung etc.) zu erkennen, aber die zugrundeliegende genetische Variation selbst ist viel weniger ausgeprägt. Obwohl es angesichts der auffälligen genetisch determinierten morphologischen Unterschiede paradox erscheint, sind die genetischen Variationen in den zugrundeliegenden physiologischen Eigenschaften und Funktionen sehr gering, wenn Populationsdurchschnitte betrachtet werden. Mit anderen Worten: die Wahrnehmung von morphologischen Unterschieden kann uns irrtümlicherweise verleiten, von diesen auf wesentliche genetische Unterschiede zu schließen. Befunde deuten daraufhin, dass es im Verlauf der Evolution des modernen Menschen relativ wendig Veränderungen in der genetischen Grundausstattung der Population gegeben hat. Die molekularen Analysen von Genen legen außerdem sehr nahe, dass der moderne Mensch sich erst vor kurzer Zeit in die bewohnbaren Gebiete der Erde ausgebreitet hat und an diesem Prozess während einer relativ kurzen Zeitspanne an sehr unterschiedliche und zuweilen extreme Umweltbedingungen angepasst worden ist (z.B. an rauhes Klima). Die Notwendigkeit der Anpassung an extreme unterschiedliche Umweltbedingungen hat nur in einer kleinen Untergruppe von Genen, die die Empfindlichkeit gegenüber Umweltfaktoren betrifft, Veränderungen bewirkt. Es ist wert zu erwähnen, dass die Anpassungen als Antwort auf Umweltbedingungen größtenteils historisch zu verstehen sind und keine Konsequenzen für das Leben in der modernen Zivilisation haben. Nichtsdestoweniger werden sie von einigen so ausgelegt, als spiegelten sie wesentliche Unterschiede zwischen Menschengruppen wider, wodurch sie zum Konzept der »Rassen« beitragen.

Nach wissenschaftlichem Verständnis ist die Einteilung von Menschen anhand der Verteilung von genetisch determinierten Faktoren daher einseitig und fördert das Hervorbringen endloser Listen von willkürlichen und missleitenden sozialen Wahrnehmungen und Vorstellungen. Darüber hinaus gibt es keine überzeugenden Belege für »rassische« Verschiedenheit hinsichtlich Intelligenz, emotionaler, motivationaler oder anderer psychologischer und das Verhalten betreffender Eigenschaften, die unabhängig von kulturellen Faktoren sind. Es ist allgemein bekannt, dass bestimmte genetisch bedingte Merkmale, die in einer Lebenssituation nützlich sind, in einer anderen nachteilig sein können.

Erklärung von 16 internationalen Biologen und Genetikern, übers. von Ulrich Kattmann. Aus: »Die Brücke« Forum für antirassistische Politik und Kultur, Heft 1997/2, Seite 23f.

M 15   **»SONST LAG GEGEN DIE FAMILIE NICHTS VOR«**

Bericht des evangelischen Dekans von Schorndorf (Württemberg) an den Evangelischen Oberkirchenrat in Stuttgart am 6. April 1943

»Umseitigen Bericht (über den Abtransport eines Ehepaars mit vier von sechs Kindern) habe ich von dem II. Stadtpfarramt Schorndorf einverlangt. Die Familie, um die es sich handelt, ist schon Jahre lang hier ansässig, und ist von guter kirchlicher Haltung. Es mag sein, dass das Zigeunerblut sich immer wieder bemerkbar machte in einer gewissen Aufdringlichkeit der beiden Alten und in mannigfachen Versuchen, allerlei Handelsgeschäfte zu betreiben. Sonst aber lag gegen die Familie nichts vor. Es hat sich manches gefreut darüber, dass durch die Hinwendung zum Evangelium sichtbar manches anders geworden ist in der Familie. Um so unverständlicher ist das jetzige Vorgehen. Es scheint aber der ganzen Sache ein planmäßiges Vorgehen gegen die Zigeuner zugrunde zu liegen. Nicht ganz verständlich ist dann nur, dass 2 Familienmitglieder hier bleiben durften, die andern aber deportiert wurden.«

Aus dem Archiv des Evangelischen Oberkirchenrats, Stuttgart. Eine Überlebende berichtet, dass von den hier genannten Deportierten keiner zurückgekehrt ist.

Vgl. den Zeitungsartikel »Staatsanwalt ermittelt wegen Volksverhetzung« (M 24a).
Lesung mit verteilten Rollen A bis C.

A Noch ein Bier bitte! (*Kellner bringt Bier*) Bin ich froh, dass das mit der Anzeige wegen Volksverhetzung nicht in unserem eigenen Faschingsumzug war! Gut, »Zack, zack, Zigeunerpack« wie hier, steht auf unserem Wagen nicht. Aber als »Zigeuner« Verkleidete haben wir auch dabei.

C Halt! Das Wort »Zigeuner« ist ein Schimpfwort, das viele Sinti in Deutschland verletzt.
Das Wort gibt es in ihrer Sprache nicht. Sie nennen sich stattdessen Sinti und Roma und wollen als solche geachtet sein. (Sie wollen doch auch nicht nur unter einem Schimpfwort »rangieren« oder?)

A Entschuldigung, so war das nicht gemeint. Ich halte mich da raus.

B Anders herum, der die Anzeige erstattet hat, kann froh sein, dass das nicht bei uns war. Der hätte sonst von mir »eins auf den Deckel« bekommen! Und schließlich bieten sie doch mittags hier auch scharfe »Zigeunerschnitzel« an und lassen »Zigeunermusik« laufen, oder? Darf man das denn alles nicht mehr sagen?

A Ich glaube, die haben sich einfach nichts dabei gedacht.

C Das ist ja das Problem, dass die Leute nicht daran denken, was sie bei den Opfern anrichten. Wer durch 68 Prozent der Bevölkerung diskriminiert wird und wessen Angehörige durch Deutsche unter ähnlichen Slogans verfolgt und ermordet worden sind, für den hat auch beim Fasching an dieser Stelle der Spaß ein Ende.

B Das sind mir schöne Opfer. Es hat mich mal so eine betrogen und mir das Blaue vom Himmel herunter wahrgesagt. Die hat mir Glück versprochen und jetzt hat mich meine Alte doch sitzen lassen.

C Wie reden Sie denn von Ihrer Frau? Und woher wissen Sie denn, dass jene Frau auf dem Jahrmarkt von den Sinti war?

B Das sieht man doch gleich.

C Das stimmt nicht. Es gibt auch blonde Sinti.

B Dann war sie eben ein Mischling. Die gehören alle zu einer anderen Rasse.

C Bei Menschen gibt es nach neuester Erkenntnis gar keine Rassen.

B Egal, mit denen hab ich auf jeden Fall nichts am Hut. Die sollen machen, dass sie weg kommen. Ich hab mal gehört, in Spanien sollen sogar schon kleine Kinder der Gitanos Banken ausrauben.

C Die Unterstellung habe ich damals auch gelesen. Aber hinterher hat sich herausgestellt, dass der Täter, ein Bankangestellter, die Anwesenheit von Roma und die allgemeinen Vorurteile genutzt hat, den Verdacht auf die Kinder der Roma zu lenken.

B Dann war das eine Ausnahme! Was man von denen zu halten hat, weiß man doch. Und schließlich: Wo kommt man auch hin, wenn man an Fasching keinen Spaß mehr machen darf?

A Ich finde, man fährt am besten mit dem Schwamm darüber und lässt die Sache auf sich beruhen. Die Kirchenfrauen mit ihrem Faschingswagen sind bestimmt genug gestraft mit der Öffentlichkeit, die sie da erregt haben.

C Egal, wie es den Opfern damit geht? Der Faschingswagen mit der herabsetzenden Beschriftung und den zerlumpten Frauen ging bekanntlich in der Nähe des Wohngebiets der Sinti vorbei.

B Ach *die* haben die Anzeige erstattet. Denen dreh ich auch eine Anzeige rein, das haben sie verdient!

C Nein, die Anzeige hat jemand anders erstattet. Die Sinti selbst fürchten jetzt aber, dass wegen jener Anzeige die Vorurteilsspirale gegen sie weitergeht. Ja, dass irgendwelche Faschingsnarren sie das später auf andere Weise werden spüren lassen – mit Zustimmung vieler, die noch die alten Vorurteile haben.

B Grad recht.

C Merken Sie nicht, dass *Sie selber* Vorurteile gegen Sinti und Roma haben?

A Ruhe am Stammtisch!

A Woher kommen dann eigentlich die ganzen Vorurteile gegen die Sinti? Ist da nicht doch etwas dran?

C Wo die Vorurteile herkommen? Die Mehrheit hat sich in den letzten 600 Jahren für ihre eigenen Ängste immer einen Sündenbock außerhalb gesucht. In der Regel haben sie dafür Menschen gesucht, die in irgendeiner Weise anders waren, die zum Beispiel Romanes als Muttersprache sprachen oder Friesisch oder Sorbisch.

B Das sind doch alles gar keine Deutschen.

C Doch, die Friesen und Sorben leben sogar länger in Deutschland als die meisten anderen Deutschen.

B Und deswegen ziehen sie auch umher und stehlen?

C Die deutschen Kaiser, die damals übrigens selber umherzogen von Kaiserpfalz zu Kaiserpfalz, verboten den Sinti in ihren mittelalterlichen »Schutzbriefen« jahrhundertelang, dass sie sich irgendwo in Deutschland auf Dauer niederlassen dürfen.

A Ach, deshalb sind die Sinti nicht sesshaft?

C Doch, sie sind alle sesshaft. Sie wurden je nach Fürstentum vor 250 oder vor 150 Jahren von einem Tag auf den anderen festgeschrieben und haben damit von einem Tag auf den anderen ihre Kunden von ihrem zuvor aufgezwungenen Wandergewerbe verloren.

A Und dadurch wurden sie zu Bettlern?

C Erzwungen manche, die bis zum Aufbau einer neuen Arbeit am Ort nicht genügend Ersparnisse hatten. Sie wollten ja nicht stehlen, auch nach der Nazizeit nicht, als die Leute den Überlebenden Wohnung und Unterstützung verweigerten.

A Das wusste ich ja gar nicht. Aber inzwischen haben sie sicher eine große Wiedergutmachungszahlung bekommen.

C Nein, meist nicht, manchmal minimal, was oft wegen Verrechnung mit Sozialhilfe gar nicht ausgezahlt wurde.

A Werden sie denn heute wirklich diskriminiert?

C Ja, hinsichtlich Wohnung, Arbeitsplatz, Bildung, gegen Freundschaft und Eheschließung und vielfach im Alltag.

A Und niemand macht etwas dagegen?

C Sie sehen ja, wie das alles verdrängt wird. Sie selbst sagten vorher einfach: »Schwamm drüber«.

A Einmal muss die Diskriminierung doch vorbei sein.

C Die ist erst vorbei, wenn die Sinti es merken.

B Dieser Faschingswagen schadet bestimmt nichts!

C Es kommt darauf an, auf welche Vorurteile er trifft.

B Ich hab gar keine. So ein Blödmann, der Anzeiger!

A Noch ein Bier bitte!

JESUS UND DIE DISKRIMINIERUNG – BIBELARBEIT ZU MT 15,21–28

A.

»Und Jesus ging weg von dort und zog sich zurück in die Gegend von Tyrus und Sidon. Und siehe, eine kanaanäische Frau kam aus diesem Gebiet und schrie: Ach Herr, du Sohn Davids, erbarme dich meiner! Meine Tochter wird von einem bösen Geist übel geplagt. Und er antwortete ihr kein Wort. Da traten seine Jünger zu ihm, baten ihn und sprachen: Stell sie zufrieden, denn sie schreit uns nach.

Er antwortete aber und sprach: Ich bin nur gesandt zu den verlorenen Schafen des Hauses Israel.

Sie aber kam, fiel vor ihm nieder und sprach: Herr, hilf mir! Aber er antwortete und sprach: Es ist nicht recht, dass man den Kindern ihr Brot nehme und werfe es vor die Hunde. Sie sprach: Ja, Herr; aber doch fressen die Hunde von den Brosamen, die vom Tisch ihrer Herren fallen.

Da antwortete Jesus und sprach zu ihr: Frau, dein Glaube ist groß. Dir geschehe, wie du willst! Und ihre Tochter wurde gesund zu derselben Stunde.«

B.

»Und Jesus ging weg von dort und zog sich zurück in die Gegend von Tyrus und Sidon. Und siehe, eine kanaanäische Frau kam aus diesem Gebiet und schrie: Ach Herr, du Sohn Davids, erbarme dich meiner! Meine Tochter wird von einem bösen Geist übel geplagt. Da traten seine Jünger zu ihr, wehrten ihr und sprachen: Schrei uns nicht nach. Unser Meister ist nur gesandt zum Hause Israel.

Jesus aber wurde unwillig und sprach: Wehret dieser Frau nicht. Ich bin nicht gekommen den Gesunden zu helfen, sondern den Kranken. Seine Jünger wurden beschämt.

Jene Frau aber kam, fiel vor ihm nieder und sprach: Herr, hilf mir!

Da antwortete Jesus und sprach zu ihr: Frau, dein Glaube ist groß. Dir geschehe, wie du willst! Und ihre Tochter wurde gesund zu derselben Stunde.«

Aufgaben:
- Vergleiche die beiden Textfassungen und überprüfe sie an Mt 15,21–28. Welche ist original?
- Was können Christen für ihr Leben daraus lernen?

WAS HAT DAS MIT SINTI UND ROMA ZU TUN?

Nach dem Bericht aller Evangelisten mied Jesus nicht die Gemeinschaft mit Zöllnern.

Lukas und Johannes erzählen außerdem, wie Jesus Kontakt zu den damals verpönten Samaritern aufnahm. Er brachte seine Freunde dazu, auf dem Weg nach Jerusalem Samarien nicht zu umgehen, sondern auf diesem zweitägigen Fußweg mitten im samaritanischen Gebiet zu übernachten (Lk 9,52–56). Als ihnen im ersten Dorf keine Herberge gewährt wurde, wünschten die Freunde Feuer auf dieses Dorf. Aber Jesus wollte gerade eine solche Haltung überwinden. Er übernachtete mit ihnen im nächsten Dorf der Samariter. Nach dieser zwiespältigen Erfahrung erzählte Jesus ausgesprochen Gutes von einem Samariter (Lk 10). Jesus würdigte die Menschen, über die man bis dahin schlecht geredet hatte.

»Mann, bist du dämlich ...«

»Diese Abrechnung ist getürkt worden ...«

»Diese Sache ist gemauschelt worden ...«

»... das ganze kommt mir spanisch vor.«

»... wie hoch ist ihre Buschzulage?«

»... hier gehts ja zu wie in einer Judenschule!«

»... hört endlich auf mit dem Herumzigeunern ...«

»... dann haben wir bald italienische Verhältnisse ...«

» ... typisch polnische Wirtschaft ...«

»... wir sind hier doch nicht im Busch ...«

»... mach mal keinen Negeraufstand ...«

»... wenn du mehr Geld brauchst, zeig mir einen Juden, dem man in die Tasche greifen kann ...«

»... das macht mir einen Heidenspaß.«

»... Ich bin doch nicht dein Neger ...«

»... ein Bier, Fräulein«

»Schwarzfahren wird bestraft«

»... Du Spasti«

»... ihr brüllt ja wie die Hottentotten ...«

Aus der Broschüre »Rassismus begreifen. Was ich immer schon über Rassismus und Gewalt wissen wollte«, hg. u.a. von der Aktion Courage – SOS Rassismus / Schule ohne Rassismus in Bonn und der Arbeitsgruppe SOS Rassismus NRW (c/o Amt für Jugendarbeit der Evangelischen Kirchen von Westfalen, Ralf-Erik Posselt, Haus Villigst, 58239 Schwerte), Villigst 1997, S. 19.

HISTORISCHE HINTERGRÜNDE DER ENTSTEHUNG ANTIZIGANISTISCHER VORURTEILE

Im Wesentlichen handelt es sich bei der Entstehung der Vorurteile um Ängste und Wunschvorstellungen der Mehrheitsbevölkerung, die zu negativen und unangemessen romantisierenden Projektionen auf die Minderheit geführt haben.

Diese Hintergründe beleuchten also nicht die Realität der Sinti und Roma, sondern rücken die Problematik der Mehrheit in den Blick, die sich in deren »Zigeunerbild« als Inbegriff der Vorurteile angesammelt hat. Dazu ein holzschnittartiger Überblick:

Während die Sinti und Roma vor den Türken immer weiter nach Westen fliehen, werfen ihnen die einheimischen Mehrheitsgruppen im Heiligen Römischen Reich deutscher Nation Spionage für die Türken vor.

Als Sinti und Roma versuchen, sich im Heiligen Römischen Reich deutscher Nation als freie Handwerker niederzulassen, wird ihnen in den Kaiserlichen »Schutzbriefen« nur Durchzugsrecht, d.h. nur die Möglichkeit zu ambulantem Gewerbe eingeräumt. Das heißt, sie werden zum Umherziehen gezwungen.

Zugleich wenden sich Zünfte und Bürgertum gegen das ambulante Gewerbe und zugleich gegen Bettelei. Luther führt dafür das Berufsethos an.

Als sie Zugang zur einheimischen christlichen Konfession suchen, zögert man und wirft ihnen Abgötterei vor.

In der Zeit des *Absolutismus* versucht man alle Bürger zu erfassen und sieht Sinti als Musterbeispiel der Nichterfassten. Sinti werden im jeweiligen Territorium an einem Stichtag örtlich festgeschrieben und Familien dabei auseinandergerissen. Wer um des wirtschaftlichen Überlebens willen noch seine Kunden außerhalb aufsucht oder seine getrennten Familienmitglieder treffen will, wird kriminalisiert. Sinti als Polizisten werden gegen Sinti eingesetzt.

Zur Zeit der *Aufklärung* versucht man die allgemeine Bildung zu verbessern und projiziert auf die Sinti und Roma das Gegenbild des ungebildeten Primitiven.

Als Maria Theresia von Habsburg 1861 Roma ihre Kinder wegnehmen lässt und sie zur Erziehung an ungarische Pflegefamilien gibt, wirft man den Roma vor, Kinder zu stehlen, d.h. genauer ihre eigenen Kinder zurückzuholen.

Auf Grund der Befreiungskriege gegen Napoleon setzt sich in den Kirchen Deutschlands die Ablehnung der »revolutionären« allgemeinen Menschenrechte durch, in der römisch-katholischen Kirche auch auf Grund der Säkularisation (Enteignung) von katholischen Kirchengütern und Territorien. (Die Ablehnung der Menschenrechte durch die Kirchen Deutschlands reicht bis 1945. Die Menschenrechte hätten sich theoretisch auch auf die Sinti und Roma bezogen.)

Das wirtschaftliche Fiasko für die Familien, die sich vom ehemals auferlegten ambulanten Gewerbe umstellen müssen, wird ihnen selbst zur Last gelegt.

Als in der industriellen Revolution in einem zweiten wirtschaftlichen Fiasko der Sinti die neuen Töpfe billiger werden als das Flicken der alten Töpfe, werden die verarmten Kesselflicker von den Unternehmern als Negativbild solchen Billiglohnarbeitern vor Augen geführt, die nicht zum Niedriglohn 12 bis 14 Stunden arbeiten wollen.

Als die Gewerkschaften Wirkung entfalten und ein Minimaltarif eingeführt ist, als es inzwischen gebildete und wirtschaftskräftige Sinti gibt, weiß man mancherorts keine andere Begründung mehr gegen sie als einen Rassismus. Es handle sich um »anderes Blut«.

Als nach Abschaffung der Sklaverei in der Türkei dortige Roma einen neuen Wohnsitz und Arbeit in Deutschland suchen, führt man nach dem damaligen »völkischen« Selbstverständnis das Blutsprinzip in das Staatsbürgerrecht Preußens ein, wonach z.B. Roma aus Siebenbürgen kein Bürgerrecht erwerben können. (Dieses rassistische »Blutsprinzip«, 1913 im

Staatsbürgerrecht des Deutschen Reiches wieder formuliert, ist bis zu Beginn des 21. Jahrhunderts im wiedervereinigten Deutschland nicht abgeschafft, anders als in anderen westlichen Staaten.)

Als man im *Nationalsozialismus* ein reines »arisches« Volk sein will, werden die dem arischen Sanskrit sprachlich am nächsten stehenden Sinti und Roma für verunreinigte Arier erklärt und massenmäßig ermordet.

Nach dem *Zweiten Weltkrieg* wird ihre Verfolgungsgeschichte lange Zeit nicht aufgearbeitet. So werden die überlebenden Sinti und Roma zunächst abgewiesen, dann am Rand der Städte gehalten. Bis heute schreibt vielfach die Mehrheit den Sinti und Roma für Unterschiede ein Manko zu. (Eine Gefahr, der viele schon beim Gebrauch des Begriffes der »Integration« unterliegen und ihn so zum neuen Diskriminierungsmittel machen. Dies lässt sich bei den Begriffen der Achtung und der Anerkennung vermeiden.)

Anmerkung:

Es ist vom Antiziganismus hauptsächlich in der deutschen Geschichte die Rede gewesen. Jedoch darüber hinaus Bemerkungen im Blick auf das östliche Mitteleuropa und (Süd-)Osteuropa:

Als in den 90er Jahren des 20. Jahrhunderts dort in Folge des Mauerfalls und der Wirtschaftsumstellung die Arbeitslosigkeit wächst, wird diese dort überproportional auf die Roma abgewälzt. Diejenigen, die als Asylbewerber nach Westen kommen, werden zurückgeführt in ihre südöstlichen Heimatländer. Dieses Programm scheitert dort aber am Willen der Arbeitgeber, Roma einzustellen.

Die Frist für die niedrige Arbeitslosenhilfe und Sozialhilfe wird für die Betroffenen in vielen Ländern aus Finanzmangel sehr kurz gehalten. Viele dortige Roma werden dadurch zum Hunger, zum Betteln und in die Schwarzarbeit gedrängt, was man umgekehrt wiederum ihnen in die Schuhe schiebt.

Wer auf Grund der aussichtslosen Situation (nochmals) z.B. nach Deutschland, flieht, muss oft ohne Aussicht auf Sozialhilfe leben. Wer dadurch in eine aussichtslose finanzielle Lage gerät, dem wird dies nun auch hier zur Last gelegt.

Dazu kommt, dass die Deutschen Sinti und Roma mit Sorge sehen, wie um Unterstützung bittende Familien aus Südosteuropa die deutsche Mehrheitsgesellschaft veranlassen, durch Unwissen hinsichtlich dieser Zusammenhänge alte Klischees gegen die deutschen Sinti und Roma zu rechtfertigen.

Andreas Hoffmann-Richter

Vgl. Wolfgang Wippermann, Antiziganismus – Entstehung und Entwicklung der wichtigsten Vorurteile, in: »Zwischen Romantisierung und Rassismus«, LPB 1998, 37–41.

Nach mehrfachen vergeblichen Versuchen der Verständigung und des Abbaus von Vorurteilen in den Behörden, insbesondere bei diversen Polizeidienststellen, warf der Zentralrat im Oktober 1984 den Innenministern von Bund und Ländern vor, ihre Polizeibehörden praktizierten eine Art »Rassenbekämpfung« gegen die gesamte Minderheit in Deutschland. Aufgebauschte, diskriminierende Berichte der Polizei an die Presse über angeblich besonders typische »Zigeuner«- oder »Landfahrer«-Kriminalität – so das Schreiben des Zentralrates an die Minister – sorgten verstärkt seit einem Jahr bei der Bevölkerung für massive antiziganistische Vorurteile und Fremdenhass. Polizeibehörden beschränken sich in ihrer Berichterstattung bewusst nicht auf die Tat und Tatverdächtige, sondern stellten in ihren Meldungen und Pressegesprächen gezielt die ethnische Zugehörigkeit der Minderheit in den Vordergrund. Nach einem Bombenanschlag im Januar 1982 in Darmstadt auf ein Haus, in dem Roma-Familien wohnten, hatte ein erster Appell an die Minister keinen Erfolg gefunden, der den Schutz des Rechtsstaates auch für die Minderheit hätte gelten lassen. Statt dessen unterliefen sie alle Bemühungen des Zentralrates um die bürgerrechtliche Gleichbehandlung. Gewaltanschläge nahmen seither im Bundesgebiet weiter zu.

Der Einsatz gegen die Kriminalisierungsstrategien der Polizei waren ein Kernpunkt der Bürgerrechtsarbeit. Diese sind nicht neu, schon seit 1951 hatte sich *Uschold* auf die »Forschungsarbeiten der letzten Zeit« berufen, die von *Ritters* Institut »mit größter Gründlichkeit vorgenommen« worden seien. Sie sollten die Basis für die erkennungsdienstliche und polizeiliche Arbeit sein. Diese Strategien entsprachen dem polizeilichen Feindbild, denn wie sein Kollege Georg Geyer 1957 in der bayerischen Polizeizeitung feststellte, »*(haben) alle Maßnahmen und Verfolgungen den Lebenswillen der Zigeuner nicht zu brechen*

vermocht.« Insbesondere diese Beamten aus München setzten sich seit den 50er Jahren auf Tagungen des BKA dafür ein, unter Umgehung des Grundgesetzes, bundesweit als Synonym für »Zigeuner« den (ebenfalls aus der NS-Zeit stammenden) Begriff »Landfahrer« zu verwenden. Dieser neue Begriff meine nicht »Rasse«, sondern solle soziologisch klingend den »Hang zum Umherziehen«, den »ständig geänderten Aufenthaltsort«, den »reisenden Tatverdächtigen« oder die »unstete Lebensweise« beschreiben; so lauteten die Legitimationsversuche der Polizei.

Ideologisch wie in der polizeilichen und kriminologischen Arbeit blieb eine strenge Analogie zur NS-Rassenideologie bestehen, deren Kriterium der Rassenzugehörigkeit nun als Zugehörigkeit zur ethnischen Gruppe umgedeutet wurde. Diese projektive Verschiebung und Identifikation von sozialen Verhaltensweisen auf und mit einer ethnischen oder sozialen Gruppe definierte das »Zigeuner(un)wesen« als fixierte Bezugsgröße für die ganze Minderheit. Sie schrieb über das »Wesen des Zigeuners« die soziale Unveränderbarkeit der Sinti und Roma fest: »*Bei der zu Beobachtung stehenden Personengruppe handelt es sich um ... Zigeunermischlinge ..., bei denen – biologisch unterstellbar – ein Konzentrat negativer Erbmasse zu verzeichnen sein dürfte (Verschlagenheit, Hinterhältigkeit, Brutalität, Trunksucht, Selbstmordneigungen usw.)*«. »Zigeuner«, »Landfahrer«, TWE oder HAWO werden zur Täterbeschreibung und zum Volksgruppenetikett.

Wie in einem Brennglas wird hier die Struktur der rassistischen Konstruktion des »Zigeuners« aufgeworfen und die Kontinuität der NS-Ideologie weiter geschrieben. Grundsätzlich scheint hier auch die behördliche Ratio und der polizeiliche Pragmatismus in Frage zu stehen, die offenbar auf Effektivität und unmissverständliche Vorgaben bedacht, jedes ethische Verhältnis ausschalten und damit jede Verantwortlichkeit ausschließen. Da diese Vorgehensweise des bürokratischen Rationalismus die Möglichkeit kommunikativen Handelns, die allein Aufklärung versprechen könnte, ausschaltet, indem eine technische, pragmatische oder sonstige Notwendigkeit behauptet wird, verwundert es nicht, dass die Behörden – sich selbst immunisierend – taub gegen die Argumente der Sinti und Roma blieben und gebetsmühlenartig von kriminologischen Erfordernissen fabulierten.

Erst 1984 teilte Staatssekretär *Spranger* nach einem Gespräch im Bundesinnenministerium mit, dass die »Landfahrer«-Erfassung beendet werde und die rassistische Bezeichnung auch im internen Sprachgebrauch nicht mehr verwendet werde. Was hatte diesen Bewusstseinswandel bewirkt? Tatsächlich war im Mai 1983 nach der Streichung der »Landfahrer«-Erfassung – angeblich 1980 – und des Computerkürzels »ZN« für »Zigeunername« – 1984 – im polizeilichen Überwachungs- und Informationssystem das neue Kürzel »HAWO« für »häufig wechselnder Aufenthaltsort« in allen Bundesländern eingeführt worden. »HAWO«, hieß es, habe absolut nichts mit der Minderheit zu tun, sondern sei dringend erforderlich zur Erfassung des kriminologisch so bedeutsamen Phänomens des Umher-Reisens von Tatverdächtigen. Welche »Bedeutsamkeit« ein häufig wechselnder bzw. ständiger Aufenthaltsort für einen Tatverdacht habe, blieb jedoch »Ermessenssache« der Polizei. Beurteilungs- oder Bewertungskriterien gab es keine.

Daniel Strauß: »da muss man wahrhaft alle Humanität ausschalten ...«. Zur Nachkriegsgeschichte der Sinti und Roma in Deutschland, in: LpB Baden-Württemberg (Hg.): »Zwischen Romantisierung und Rassismus«, S. 32 f.

550 vor Christus im babylonischen Exil: Fiktives Gespräch zwischen einer jüdischen jungen Frau A und ihrem ägyptischen Freund B:

B: Was hast du da gebetet?

A: »(Gott), du hast uns zu Kehricht und Unrat gemacht unter den Völkern ... Wir werden gedrückt und geplagt mit Schrecken und Angst. Wasserbäche rinnen aus meinen Augen über den Jammer der Tochter meines Volks. Meine Augen fließen und können es nicht lassen, und es ist kein Aufhören da« (Klagelieder 3, 45.47–48).

B: Weil ihr in der jüdischen Ansiedlung leben müsst und dein Vater Zwangsarbeit machen muss? Wir müssen doch auch in unserer ägyptischen Ansiedlung von Zwangsarbeitern wohnen. Man muss sich doch irgendwann mit dem Leben hier abfinden. Wir wohnen nun einmal hier. Immerhin ist es eine der fortschrittlichsten Städte der Welt mit dem höchsten Wolkenkratzer.

A: Wir dürfen uns aber nicht frei bewegen und müssen uns dem Bildnis des Stadtgottes Marduk hier unterwerfen.

B: Was liegt schon daran? Ich akzeptiere doch auch, dass der Marduk stärker war als unsere ägyptischen Götter. Wir müssen doch trotzdem unser Leben hier leben.

A: Und sich anmachen oder schlagen lassen bei der Fronarbeit auf dem Feld? Und das als lebendige Gegenüber Gottes? Da müssen wir Widerstand leisten, sonst ändert sich nichts.

B: Wie willst du das begründen? Der Gott der Babylonier war nun mal stärker, sonst hätten sie nicht gewonnen. Oder meinst du, euer Gott hätte den Sieg der Babylonier zugelassen, wenn er selbst stärker gewesen wäre als der Gott der Babylonier?

A: Es ist anders als du denkst. Unsere Propheten haben unsere Väter gewarnt, dass unser Gott starke Feinde schicken wird, wenn wir uns ausländerfeindlich verhalten und soziale Ungerechtigkeit dulden. Unsere Väter haben nicht darauf gehört. Jetzt lesen wir aber in unseren Versammlungen die Schriften der Propheten und merken, dass Gott selbst zur Strafe und zu unserer Einsicht und Umkehr die Babylonier gegen uns geschickt hat.

B: Sag das ja nicht laut, sonst bekommen wir es mit den Babyloniern zu tun!

A: Ich akzeptiere nicht, dass diese miserable Statue mehr Würde haben soll als wir lebendige Menschen. Wir erklären unsere Würde als lebendige Bilder Gottes! Das müssen die Babylonier akzeptieren. Wir leben nicht von ihren Gnaden. Wir leben alle von dem einen Gott. Wenn die Babylonier uns und euch und andere auf Dauer herabsetzen, dann bekommen sie es nicht nur mit einer Statue zu tun, dann bringen sie den lebendigen Gott gegen sich auf. Und was das heißt, das haben wir nun erlebt.

B: Meinst du, das begreifen die?

A: Der Großkönig von Babylon würde doch nicht zulassen, dass man seine eigenen Freunde und Gesprächspartner schlägt und zur Fronarbeit heranzieht.

B: Natürlich nicht.

A: Das lässt der lebendige Gott, der uns Menschen zu seinem Gesprächsgegenüber erwählt hat, auch nicht zu, dass man das mit uns macht! Gott schuf den Menschen zu seinem Gegenüber, seinem lebendigen »Bild«, und zwar Mann und Frau! (1. Mose 1,27)

B: Alle Menschen?

A: Alle Menschen! Es reden bisher nur nicht alle mit ihm. Aber er will, dass alle dazukommen. Dafür haben wir unsere Sprachen bekommen.

B: Das ist revolutionär. Aber ich stimme dir zu. Ich bin dabei. Wir haben ja selbst aneinander erlebt, dass wir zu achtende Menschen sind, auch wenn wir aus verschiedenen Völkern kommen, nicht wahr?

A: Ja, und wir müssen dabei ständig aufpassen, dass es nicht wieder zu Rückfällen in der Menschheitsgeschichte kommt, etwa zum alten Patriarchalismus, nicht mehr zur Herabwürdigung und Hänselei anderer Volksgruppen. Auch dass alle sich von ihrer Arbeit ausreichend ausruhen können. Sonst wird das Leben der Gegenüber Gottes verletzt.

RAHMENÜBEREINKOMMEN
ZUM SCHUTZ NATIONALER MINDERHEITEN

Die Mitgliedstaaten des Europarats und die anderen Staaten, die dieses Rahmenübereinkommen unterzeichnen –

➢ in der Erwägung, dass es das Ziel des Europarats ist, eine Verbindung zwischen seinen Mitgliedern herbeizuführen, um die Ideale und Grundsätze, die ihr gemeinsames Erbe bilden, zu wahren und zu fördern;

➢ in der Erwägung, dass eines der Mittel zur Erreichung dieses Zieles in der Wahrung und in der Entwicklung der Menschenrechte und Grundfreiheiten besteht;

➢ in dem Wunsch, die Wiener Erklärung der Staats- und Regierungschefs der Mitgliedstaaten des Europarats vom 9. Oktober 1993 in die Tat umzusetzen;

➢ entschlossen, in ihrem jeweiligen Hoheitsgebiet das Bestehen nationaler Minderheiten zu schützen;

➢ in der Erwägung, dass die geschichtlichen Umwälzungen in Europa gezeigt haben, dass der Schutz nationaler Minderheiten für Stabilität, demokratische Sicherheit und Frieden auf diesem Kontinent wesentlich ist;

➢ in der Erwägung, dass eine pluralistische und wahrhaft demokratische Gesellschaft nicht nur die ethnische, kulturelle, sprachliche und religiöse Identität aller Angehörigen einer nationalen Minderheit achten, sondern auch geeignete Bedingungen schaffen sollte, die es ihnen ermöglichen, diese Identität zum Ausdruck zu bringen, zu bewahren und zu entwickeln;

➢ in der Erwägung, dass es notwendig ist, ein Klima der Toleranz und des Dialogs zu schaffen, damit sich die kulturelle Vielfalt für jede Gesellschaft als Quelle und Faktor nicht der Teilung, sondern der Bereicherung erweisen kann;

➢ in der Erwägung, dass die Entwicklung eines toleranten und blühenden Europas nicht allein von der Zusammenarbeit zwischen Staaten abhängt, sondern auch von der grenzüberschreitenden Zusammenarbeit zwischen lokalen und regionalen Gebietskörperschaften unter Achtung der Verfassung und der territorialen Unversehrtheit eines jeden Staates bedarf;

➢ im Hinblick auf die Konvention zum Schutze der Menschenrechte und Grundfreiheiten und der Protokolle dazu;

➢ im Hinblick auf die den Schutz nationaler Minderheiten betreffenden Verpflichtungen, die in Übereinkommen und Erklärungen der Vereinten Nationen und in den Dokumenten der Konferenz über Sicherheit und Zusammenarbeit in Europa, insbesondere dem Kopenhagener Dokument vom 29. Juni 1990, enthalten sind;

➢ entschlossen, die zu achtenden Grundsätze und die sich aus ihnen ergebenden Verpflichtungen festzulegen, um in den Mitgliedstaaten und in den anderen Staaten, die Vertragsparteien dieser Übereinkunft werden, den wirksamen Schutz nationaler Minderheiten sowie der Rechte und Freiheiten der Angehörigen dieser Minderheiten unter Achtung der Rechtsstaatlichkeit, der territorialen Unversehrtheit und der nationalen Souveränität der Staaten zu gewährleisten;

➢ gewillt, die in diesem Rahmenübereinkommen niedergelegten Grundsätze mittels innerstaatlicher Rechtsvorschriften und geeigneter Regierungspolitik zu verwirklichen –

sind wie folgt übereinkommen:

Abschnitt I

Artikel 1

Der Schutz nationaler Minderheiten und der Rechte und Freiheiten von Angehörigen dieser Minderheiten ist Bestandteil des internationalen Schutzes der Menschenrechte und stellt als solcher einen Bereich internationaler Zusammenarbeit dar.

Artikel 2

Dieses Rahmenübereinkommen ist nach Treu und Glauben, im Geist der Verständigung und Toleranz und in Übereinstimmung mit den Grundsätzen guter Nachbarschaft, freundschaftlicher Beziehungen und der Zusammenarbeit zwischen den Staaten anzuwenden.

Artikel 3

(1) Jede Person, die einer nationalen Minderheit angehört, hat das Recht, frei zu entscheiden, ob sie als solche behandelt werden möchte oder nicht; aus dieser Entscheidung oder der Ausübung der mit dieser Entscheidung verbundenen Rechte dürfen ihr keine Nachteile erwachsen.

(2) Angehörige nationaler Minderheiten können die Rechte und Freiheiten, die sich aus den in diesem Rahmenübereinkommen niedergelegten Grundsätzen ergeben, einzeln sowie in Gemeinschaft mit anderen ausüben und genießen.

M 21 b AUS DEM RAHMENÜBEREINKOMMEN ZUM SCHUTZ NATIONALER MINDERHEITEN

Dieses Abkommen bezieht sich in Deutschland ausdrücklich auf Dänen, Friesen, Sorben, Sinti und Roma. Es wurde vom Europarat 1996 verabschiedet und ist in Deutschland seit 1998 in Kraft.

Abschnitt II

Artikel 4

(2) Die Vertragsparteien verpflichten sich, erforderlichenfalls angemessene Maßnahmen zu ergreifen, um in allen Bereichen des wirtschaftlichen, sozialen, politischen und kulturellen Lebens die vollständige und tatsächliche Gleichheit zwischen den Angehörigen einer nationalen Minderheit und den Angehörigen der Mehrheit zu fördern. In dieser Hinsicht berücksichtigen sie in gebührender Weise die besonderen Bedingungen der Angehörigen nationaler Minderheiten.

Artikel 12

(1) Die Vertragsparteien treffen erforderlichenfalls Maßnahmen auf dem Gebiet der Bildung und der Forschung, um die Kenntnis der Kultur, Geschichte, Sprache und Religion ihrer nationalen Minderheiten wie auch der Mehrheit zu fördern.

(2) In diesem Zusammenhang stellen die Vertragsparteien unter anderem angemessene Möglichkeiten für die Lehrerausbildung und den Zugang zu Lehrbüchern bereit und erleichtern Kontakte unter Schülern und Lehrern aus unterschiedlichen Bevölkerungsgruppen.

(3) Die Vertragsparteien verpflichten sich, die Chancengleichheit von Angehörigen nationaler Minderheiten beim Zugang zu allen Bildungsstufen zu fördern.

Artikel 15

Die Vertragsparteien schaffen die notwendigen Voraussetzungen für die wirksame Teilnahme von Angehörigen nationaler Minderheiten am kulturellen, sozialen und wirtschaftlichen Leben und an öffentlichen Angelegenheiten, insbesondere denjenigen, die sie betreffen.

Ein Quartett zwischen neun und 14 Jahren soll in Spanien für zahlreiche Trick-Diebstähle verantwortlich sein.

Madrid, 25. Oktober – Vier Mädchen im Alter von neun bis 14 Jahren haben mit einigen Tricks in einer Bankfiliale in Nordspanien 1,3 Millionen Pesetas (rund 16.000 Mark) gestohlen und werden nun verdächtigt, auf die gleiche Weise auch 20 bis 25 Banken in Spanien, Frankreich und Belgien geschädigt zu haben.

Es geschah in einer Zweigstelle im geruhsamen Städtchen Miranda del Ebro in der Provinz Burgos. Eine dunkelhaarige Vierzehnjährige, die nach Angaben eines Polizeikommissars wie eine hübsche Achtzehnjährige aussieht, verwickelte den Filialleiter in ein Gespräch über einen Kredit. Ihre Schwester und zwei Cousinen wechselten unterdessen einen großen Geldschein und beschuldigten den Kassierer, ihnen falsch herausgegeben zu haben. Sie provozierten eine Art Krawall, den die kleinste von allen, eine Neunjährige, dazu ausnutzte, unbemerkt in den Kassenraum zu kriechen, wo sie alle erreichbaren Scheine zusammenraffte. Das Quartett verschwand, wurde aber von der sofort alarmierten Polizei innerhalb kurzer Zeit in Miranda festgenommen. Nach den gestohlenen 1,3 Millionen Pesetas suchten die Polizisten allerdings vergeblich. Deshalb vermuten sie, dass die Mädchen einem Komplizen während ihrer kurzen Flucht die Beute übergeben haben. Die Polizei stellte fest, dass die vier Mädchen zu einer Zigeunerfamilie gehören, die sich mehrere hundert Kilometer entfernt im südspanischen Puertollano aufhält. Ermittelt wurde aber auch, dass in den Tagen vor dem Erscheinen des Mädchen-Quartetts drei Männer, der Polizei zufolge ebenfalls Zigeuner, in Bankfilialen von Miranda wegen Krediten und der Eröffnung von Konten vorgesprochen hatten. Man nimmt an, dass so die beste Gelegenheit ausbaldowert wurde.

Das nährte auch die Vermutungen, es mit einer gut organisierten Bande zu tun zu haben. Inzwischen meldeten sich bei der spanischen Polizei mehrere Bankdirektoren, deren Filialen offenbar auf ähnliche Weise von den kleinen Diebinnen heimgesucht worden waren. Die Hinweise darauf, dass die Mädchen auch in Frankreich und Belgien Banken bestohlen haben sollen, tat ein Rechtsanwalt, der sich der Kinder annahm, jedoch als »Sensationsmache« ab.

Die Mädchen wurden zunächst in Heimen untergebracht, über ihre Aussagen nach dem Jugendstrafrecht Stillschweigen bewahrt. Lediglich die Eltern der Neunjährigen eilten nach Bekanntwerden der Festnahme der Kinder aus dem Süden nach Burgos, wo ihnen ihre Tochter übergeben wurde. Der Anwalt dieser Familie spielte den von den Medien dramatisch aufgemachten Fall herunter: Es habe sich lediglich um einen »dreisten Streich« gehandelt.

Friedrich Kassebeer, in: Süddeutsche Zeitung vom 26./27.10.1996.

M 23 a — PRESSEKODEX

»In der Berichterstattung über Straftaten wird die Zugehörigkeit der Verdächtigen oder Täter zu religiösen, ethnischen oder anderen Minderheiten nur dann erwähnt, wenn für das Verständnis des berichteten Vorgangs ein begründbarer Sachbezug besteht.

Besonders ist zu beachten, dass die Erwähnung Vorurteile gegenüber Minderheiten schüren könnte.«

Quelle: www.presserat.de (Referenzdatum: November 2014).

M 23 b — AUS EINEM SCHÜLERFLUGBLATT

Stell Dir mal vor, ein Reporter quatscht Dich an, verspricht Dir in einer Clique einen Kasten Bier und »tolle Fotos« für Dich und Deine Freunde: Er will Dich fotografieren. Klar, nicht nur so, ein bisschen Verkleidung und zurecht gemacht, Tücher zum »Vermummen« hat er schon dabei, ein paar waffenähnliche Gegenstände finden sich schnell. Du zögerst und fragst, ob auch sicher ist, dass Dich später niemand auf den Fotos erkennt, das wird Dir hoch und heilig zugesichert. Es geht ja eh darum, so heißt es, »Verständnis« für »ausländische Jugendliche« zu wecken. Du zögerst noch, aber die Reporterin ist nett, der Fotograf fängt schon mal an und Du sagst ja. Und schon hängst Du in der Scheiße. Dein Foto erscheint ohne Gesichtsbalken in der BRAVO.

I.

So ähnlich ging es einer Gruppe Jugendlicher im »Gallusviertel«. Jugendliche aus dem Gallus wurden dazu überredet, sich von einem Fotografen der Zeitschrift »Journal Frankfurt« mit Tüchern vermummt in Schlägerpose fotografieren zu lassen – für einen Kasten Bier.

Die miese Reportage in Journal Frankfurt (ehemals Pflasterstrand) übergehen wir hier ... BRAVO jedenfalls kaufte die Fotos von dem Fotografen für 1.200 DM ab, schrieb den Text in ihrem Sinne um und veröffentlichte mit ihrer Tendenz die Fotos – teilweise ohne Gesichtsbalken – unter der Überschrift: »GEIL AUF GEWALT / Die Angst vor ausländischen Jugendbanden wächst in deutschen Großstädten«.

Tatsache ist, wie aus der Erklärung eines der Jugendlichen deutlich hervorgeht, dass die ganze Story von hinten bis vorne frei erfunden war. Das bestätigte auch das Gericht. Keiner der abgebildeten Jugendlichen war der Polizei oder den Gerichten bekannt. BRAVO war zu einer – ganz kleinen – Gegendarstellung gezwungen, der Prozess über die Höhe eines Schmerzensgeldes fand am 12. März statt ... und wurde gewonnen.

BRAVO muss Schmerzensgeld blechen. Soweit, so gut. Also alles in Ordnung?

II.

Nichts ist wirklich in Ordnung, denn das, was BRAVO hier besonders dick gebracht hat, findet doch in anderer Form tagtäglich statt.

Die primitive Gleichung »Ausländer = Gewalt = Kriminalität« ist ja einer der wichtigsten Hebel, mit dem von Teilen der Presse vielfältig vorbereitet wurde und wird, dass dann schließlich Neonazis und von ihnen beeinflusste Skins Jagd auf Flüchtlinge und alle nicht so blond-blau-äugig-hellhäutigen Menschen machten und machen.

Wir meinen die Serie von Anschlägen auf Flüchtlingsheime, die übrigens nie aufgehört haben, die heute lediglich in der Presse und dem Fernsehen schon unter »ferner liefen« oder gar nicht mehr behandelt werden.

Wenn Vorurteile gegen eine Minderheit geschürt werden, dann nennt man das eigentlich »Volksverhetzung«. Aber wie oft können wir in Tageszeitungen lesen, dass ohne jede Logik, ohne jeden inneren Zusammenhang bei der Meldung irgendeiner Straftat dazu gesagt wird: »vermutlich ein Marokkaner, vermutlich ein Türke«.

III.

Es lohnt sich angesichts selbst einer kleinen Auswahl aus der Lokal-Seite der Frankfurter Rundschau, einmal den Presse-Kodex des deutschen Presserates zu zitieren. Es heißt dort:

»In der Berichterstattung über Straftaten wird die Zugehörigkeit der Verdächtigen oder Täter zu religiösen, ethnischen oder anderen Minderheiten nur dann erwähnt, wenn diese Information für das Verständnis des berichteten Vorgangs von Bedeutung ist.« (Ziffer 12 Pressekodex, Richtlinie 12.1. Berichterstattung über Straftaten, zitiert nach Jahrbuch des Deutschen Presserates 1990, S. 224)

Das bedeutet, dass keinesfalls prinzipiell und in jedem Fall die Nennung der Nationalität oder der Hautfarbe etwa verwerflich ist. Wenn Nazi-Banden Afrikaner ganz offensichtlich wegen ihrer Hautfarbe oder Jugendliche aus der Türkei wegen ihrer Nationalität überfallen und verfolgen, dann ist dies eine Information die »für das Verständnis des berichteten Vorgangs von Bedeutung ist.« Aber: Bringt jemand aus Eifersucht seine Frau um, wird jemand als Dieb erwischt, dann eben ist die Nationalität oder die Hautfarbe keinesfalls für das Verständnis dieser Straftat von Bedeutung.

Diebe und eifersüchtige Mörder gibt es überall. Durch die Nennung der Hautfarbe oder der Nationalität wird aber unterschwellig behauptet, dass diese Merkmale von Bedeutung seien … und da sind wir am entscheidenden Punkt. Niemand kommt auf den Gedanken, bei der Schilderung einer Straftat zu erwähnen, dass der betreffende Dieb zum Beispiel »Katholik« sei. Warum nicht? Nicht nur, weil die katholische Kirche sich das energisch verbitten würde, sondern weil klar ist, dass dies eben mit der Straftat ganz und gar nichts zu tun hat. Diese Klarheit existiert in anderer Hinsicht eben nicht – und das ist der Punkt, an dem angeblich sachliche Berichterstattung (»Es war doch ein Türke, oder nicht?«) umschlägt in Volksverhetzung, wie sie im Strafgesetzbuch der BRD festgelegt wird.

Was würde das für den Schulalltag heißen? Etwa wenn ein Lehrer oder eine Lehrerin »sachlich korrekt« ins Klassenbuch eintragen würde, dass »der Türke Mehmet K. wieder schwätzt«. Würde das geduldet werden? Hoffentlich nicht.

Kritisiert man solch einen Klassenbucheintrag, wird einem vielleicht gar entgegengehalten: »Na und? Er ist doch wirklich Türke, oder?« Jeder – oder fast jeder – würde spüren, dass da was nicht stimmt, da der Zusatz »Türke« völlig unpassend ist … außer der Lehrer will unter der Hand behaupten, »suggerieren«, dass es doch kein Zufall ist, dass »schon wieder ein Türke schwätzt«.

Das Beispiel der BRAVO zeigt, dass es sich lohnt, dass es richtig ist und auch zur Erfolgen führen kann, wenn wir nicht jede Diskriminierung in der Presse hinnehmen. Ob BRAVO oder BILD-Zeitung, ob FR oder sonstwer:

Wehren wir uns gegen gemeine, unwahre und diskriminierende Berichterstattung über die sogenannten »ausländischen Jugendbanden« und die dahinterstehende Hetze.

Aus einem Schülerflugblatt aus Frankfurt am Main.

M 24 a **STRAFANZEIGE GEGEN NARREN – STAATSANWALT ERMITTELT WEGEN VOLKSVERHETZUNG**

Berg – Welche Narrenrufe und Slogans sind in der Fasnet zulässig und wann ist die Grenze zur Beleidigung oder zur Verletzung der Menschenwürde überschritten? Mit dieser Frage muss sich die Staatsanwaltschaft auseinandersetzen, nachdem ein Besucher des Berger Karrenumzugs Strafanzeige wegen Volksverhetzung gestellt hat.

»Zack, zack, Zigeunerpack« prangte auf einem der rund 20 Festwagen, die am vergangenen Samstag beim Karrenumzug von Weiler auf die Berger Kuppe unterwegs waren. Dieser Spruch, mehrfach an dem Wagen angebracht, empörte einen Umzugsbesucher. Bereits am Sonntag stellte er bei der Staatsanwaltschaft Ravensburg Strafanzeige wegen Volksverhetzung. Gegenüber der SZ sagte er: »Diese widerliche Volksverhetzung im Fasnetskostüm ist besonders bemerkenswert in den Tagen des Gedenkens an die Befreiung des Konzentrationslagers Auschwitz, in dem auch Hunderttausende sogenannter Zigeuner ermordet wurden.« Die Staatsanwaltschaft nimmt die Strafanzeige ernst. »Wir lassen durch die Polizei in diesem Fall ermitteln«, sagte der Leitende Oberstaatsanwalt Herbert Heister auf SZ-Nachfrage. Welchen Weg die Ermittlungen nehmen werden, wollte Heister nicht prophezeien. Aber: »Der Verdacht der Volksverhetzung ist gegeben.« Jetzt komme es darauf an, die genauen Umstände zu erfahren, also »was das für ein Umzugswagen war, wie er ausgesehen hat, wer für den Schriftzug verantwortlich ist.« Der Tatbestand der Volksverhetzung erfordert eine Störung des öffentlichen Friedens. Die Frage sei nun, inwiefern der Ausspruch »Zack, zack, Zigeunerpack« im närrischen Rahmen eine Störung des öffentlichen Friedens darstelle. Der Leiter der Ravensburger Staatsanwaltschaft: »Dieser Fall könnte ein Grenzfall sein.« Der Karrenumzug in Berg ist keine Veranstaltung einer Narrenzunft, auch wenn die Berger Alafanz die Organisation übernommen hat. »Im Prinzip kann jeder, aus Berg oder aus einer Nachbargemeinde, der einen Traktor und einen Wagen hat, eine Gruppe anmelden«, sagte

Bergs Bürgermeister Helmut Grieb der SZ. Die Anmeldung habe nur versicherungstechnisch Bedeutung, die beiden Initiatoren des Umzugs, die die Wagen vor dem Start abnahmen, kümmerten sich lediglich um deren Verkehrssicherheit. Gegenüber der SZ wollten sich die Initiatoren nicht äußern. Der Berger Bürgermeister bezeichnete gegenüber der SZ die Aufschrift »Zack, zack, Zigeunerpack« als »unglücklichen Ausspruch«. Gleichzeitig nahm er die Mitfahrer des Wagens – nach SZ-Informationen überwiegend Frauen, die dem Frauenbund und einem Kirchenchor angehören, in Schutz: »Die haben sich nichts dabei gedacht.« Den Frauen habe »einfach das Zigeunerkostüm gefallen.« Hinter der Aufschrift stehe »keinerlei böse Absicht oder Diskriminierung«. Gerade an der Fasnet, so Helmut Grieb, werde bei Büttenreden oder Faschingsliedern immer wieder die Grenze zur Beleidigung überschritten. Trotzdem glaubt er im Berger Fall nicht, dass die Gruppe auf dem umstrittenen Festwagen jemanden verletzen wollte. Grieb meint in Bezug auf den Wagen, der seit Jahren am Karrenumzug teilnimmt: »Die in diesem Zusammenhang notwendige Sensibilität haben wir außer Acht gelassen.« Stellvertretend für alle wolle er sich daher entschuldigen. Grieb: »Wir werden darauf hinweisen, dass das Plakat und der Slogan nicht mehr benützt werden.«

In § 130 Strafgesetzbuch »Volksverhetzung« heißt es: »Wer in einer Weise, die geeignet ist, den öffentlichen Frieden zu stören, 1. zum Hass gegen Teile der Bevölkerung aufstachelt oder zu Gewalt- oder Willkürmaßnahmen gegen sie auffordert oder 2. die Menschenwürde anderer dadurch angreift, dass er Teile der Bevölkerung beschimpft, böswillig verächtlich macht oder verleumdet, wird mit Freiheitsstrafe von drei Monaten bis fünf Jahren bestraft.« Die weiteren Absätze des Paragraphen regeln die Verteilung volksverhetzender Schriften und das Leugnen von NS-Verbrechen.

Schwäbische Zeitung vom 07.02.2005.

Foto: Manuel Werner, Nürtingen.

Die Geschichte der blonden Maria zeigt, wie tief die Ressentiments gegen Roma in Europa sitzen. Nun wehren sich die Vertreter der Minderheit in Deutschland. Ihr Vorwurf: Polizei und Öffentlichkeit haben es sich zu einfach gemacht – und sind einer alten Geschichte aufgesessen.

Ein Paar mit Kind spaziert durch eine europäische Fußgängerzone. Das Kind ist dunkelhäutig, die Eltern weiß. Besorgnis erregend? Eigentlich nicht. Wahrscheinlich ist das Kind adoptiert. Oder ein Elternteil hat es aus einer früheren Partnerschaft mitgebracht. Kein Polizist würde wohl auf die Idee kommen, die Familie zu filzen. Oder in Richtung Kindesentführung zu ermitteln. Genau das ist aber mehreren Familien in den vergangenen Wochen passiert – nur, dass es andersherum war: Die Eltern waren dunkel, das Kind blond und hellhäutig.

Die Geschichte beginnt Mitte Oktober in einer Roma-Siedlung im griechischen Farsala. Bei einer Hausdurchsuchung entdecken Polizisten ein etwa fünfjähriges Mädchen, das im Gegensatz zu den anderen Familienmitgliedern hellblondes Haar und grüne Augen hat. Die Polizisten nehmen das Mädchen mit. Die Begründung: Das Kind könne aufgrund seines Aussehens nicht zu den Eltern gehören. Es müsse durch Raub oder Entführung in die Familie gekommen sein. Eine andere Möglichkeit fällt den Beamten nicht ein. Sie übergeben das Kind, das Maria heißt, einer Athener Kinderhilfsorganisation.

»Befreiung« aus dem Roma-Lager

Die vermeintlichen Eltern geben zunächst widersprüchliche Erklärungen ab, woraufhin die Polizei sie verhaftet. Ein DNA-Test belegt: Das Mädchen ist tatsächlich nicht das leibliche Kind von Eleftheria Dimopoulou, 40, und ihrem Partner Christos Salis, 39. Mit Hilfe ihrer Anwälte versuchen sich die Zieheltern zu erklären: Eine Frau aus Bulgarien habe ihnen das Kind als Säugling überlassen, weil sie nicht für

das Mädchen sorgen konnte. Das sagen sie auch dem Haftrichter. Doch niemand glaubt ihnen.

Stattdessen schafft es der Vorfall in die Topmeldungen europäischer und nordamerikanischer Medien. Das Foto der kleinen Maria ist auf zahlreichen Nachrichtenseiten zu sehen, daneben die Frage: »Wer kennt dieses Mädchen?« Viele Zeitungen gehen dazu über, das Wörtchen »mutmaßlich« wegzulassen, wenn sie über Marias angebliche Entführung im Säuglingsalter schreiben. Sie melden, Maria sei von der Polizei »befreit« worden. Der Fall scheint klar zu sein: Ein blondes Mädchen wurde gekidnappt, und zwar von Roma, die wahrscheinlich in Verbindung zu Menschenhändlern stehen.

Die Roma als Negativbild des modernen Europa

Die Berichterstattung über das Mädchen ist Romani Rose, dem Vorsitzenden des Zentralrats Deutscher Sinti und Roma, eine eigene Pressekonferenz wert. Am Dienstag warf Rose den europäischen Medien vor, die Mutmaßungen der griechischen Polizei ungeprüft übernommen zu haben. Darin spiegelten sich die »rassistischen Grundmuster« gegenüber Sinti und Roma. Der Antisemitismusforscher Wolfgang Benz pflichtete Rose bei und kritisierte die Berichterstattung über das Kind. Die Vorurteile gegenüber Sinti und Roma würden in Deutschland derzeit »neu erblühen«.

Dass die Öffentlichkeit die Entführungsstory rasch aufnimmt, wundert Klaus-Michael Bogdal nicht. Der Literaturwissenschaftler forscht an der Universität Bielefeld zur Darstellung von Sinti und Roma in der europäischen Kunst und Literatur. »An dem Fall Maria zeigt sich eines der ältesten Vorurteile gegenüber den Roma: der Kindesraub«, sagt Bogdal. »Das Bild der Kinder stehlenden Zigeuner taucht schon im 17. Jahrhundert in der Literatur und in Zeitungen auf.« Bis in die 1960er Jahre hinein hätten Eltern ihre Kinder mit Hilfe dieser Mär erzogen, erläutert der Literaturwissenschaftler. Wenn du nicht brav bist, holen dich die Zigeuner – an solche elterliche Drohungen würden sich bis heute viele Erwachsene erinnern. Warum sind die Zigeuner-Geschichten so langlebig? »Indem wir die Roma als wild und unzivilisiert darstellen, können wir stolz auf uns blicken und darauf, was wir an Zivilisation erreicht haben«, erklärt Bogdal. Die Roma – das Negativbild des modernen Europa.

Bogdal ergänzt: »Mit dem Klischee verknüpft war immer auch der Verdacht, die Roma würden die gestohlenen Kinder ausbeuten und benutzen.« Im Zusammenhang mit Maria ist von geplantem Organhandel die Rede, und auch das Gerücht, dass das Paar das Kind zum Betteln geschickt hat, hält sich hartnäckig. Gesichert sind diese Informationen nicht. Bewiesen ist, dass Marias Ziehmutter einen falschen Pass benutzt und insgesamt 14 Kinder bei den Behörden registriert hat, weit mehr, als sie tatsächlich an eigenem Nachwuchs hat. Für alle 14 kassiert das Paar Kindergeld – ein handfestes Vergehen, das die Zieheltern noch stärker in kriminelles Licht rückt.

Das Verharren in alten Vorurteilen

Die Spekulationen überschlagen sich. Suchmeldungen werden herausgegeben, Eltern von vermissten Kindern schicken Genproben an die griechische Polizei. Währenddessen versucht Marietta Palavra, die Anwältin von Marias Zieheltern, zu beschwichtigen: Dass Eleftheria Dimopoulou falsche Papiere habe und für zu viele Kinder Kindergeld beziehe, mache sie noch lange nicht zur Kidnapperin.

Es hilft nichts: Das Bild der Kinder stehlenden Roma zieht seine Kreise. Etwa eine Woche nach der Verhaftung von Marias Zieheltern stürmen Polizisten in Irland die Häuser zweier Roma-Familien und entziehen ihnen ihre blonden Kinder. In beiden Fällen beweisen DNA-Tests, dass die Kinder zu den Familien gehören. In Serbien versuchen Skinheads, einem Roma-Vater seinen blonden Sohn zu entreißen. Erst als er die Polizei rufen will, lassen die Männer von dem Kind ab. In Italien verlangen Politiker der rechtspopulistischen Lega Nord von der Regierung, italienische Roma-Lager präventiv nach blonden Kindern abzusuchen.

Dieses Foto von der etwa fünfjährigen Maria gab die griechische Polizei an die Presse. (Foto: dpa)

»Das ist schlicht Rassismus«, sagt Literaturwissenschaftler Bogdal. Auch Dezideriu Gergely, Leiter des europäischen Zentrums für Roma-Rechte (ERRC) in Budapest, kritisiert Behörden und Medien der betroffenen Länder scharf. Was die griechische Polizei getan hätte, sei »racial profiling« – Kontrollen und Vorurteile auf der Basis von äußerlichen Merkmalen. »Das verstärkt die Klischees nur und hilft der Roma-Debatte in Europa überhaupt nicht«, so Gergely. Die Roma hätten Angst – um sich, um ihre Kinder. Das Kinderraub-Klischee funktioniere in Wirklichkeit anders herum: Roma-Kinder würden sehr viel häufiger ihren Eltern weggenommen als andere Kinder. »In der Slowakei zum Beispiel leben etwa neun Prozent Roma. Unter den Kindern in staatlicher Obhut sind aber mehr als 80 Prozent Roma.«

Annahmen statt Fakten

Kein Vorurteil, sondern die Armut der Familien sei die Ursache für solche Zahlen, rechtfertigen sich Behörden. Etwa 90 Prozent der europäischen Roma-Familien leben unterhalb der Armutsgrenze, zeigt eine Untersuchung des Entwicklungsprogramms der Vereinten Nationen (UNDP) in elf EU-Staaten aus dem Jahr 2012. Roma-Vertreter Gergely kritisiert: Die meisten staatlichen Stellen würden einfach davon ausgehen, dass Roma nicht in der Lage oder nicht Willens seien, ihre Kinder groß-zuziehen. »Es ist gefährlich, wenn Behörden sich stärker auf Annahmen als auf Fakten berufen.«

Bleibt die Frage, ob Armut der alleinige Grund sein darf, einem Elternpaar die Kinder zu entziehen. In Deutschland ist das nicht der Fall: Hier kümmert sich das Jugendamt um die Versorgung der Kinder, wenn die Eltern das nicht vermögen. Erst wenn sich Eltern trotz der staatlichen Unterstützung als unfähig erweisen, ihre Kinder zu versorgen, kann das Jugendamt die Kinder aus der Familie nehmen.

Maria mag bei ihrer Entdeckung in der Roma-Siedlung nicht so ausgesehen haben, wie sich wohlhabende Europäer ein Kind vorstellen, dem es rundum gut geht: zu schmutzig die Hände, zu ängstlich der Blick. Doch zumindest von Unterversorgung konnte keine Rede sein. Die Athener Kinderhilfsorganisation, die Maria in Obhut nahm, meldete, das Mädchen sei bei guter Gesundheit.

Marias Schicksal ist ungewiss

Am Ende stellt sich die Erklärung der Zieheltern als wahr heraus. Ein DNA-Test bestätigt am 25. Oktober, dass Sascha Russewa, eine 35-jährige Bulgarin, Marias leibliche Mutter ist. Russewa, ebenfalls eine Roma, hat neben Maria neun weitere Kinder, darunter mehrere mit blondem Haar und heller Haut. Ihre Geschichte deckt sich mit jener von Marias Zieheltern. Und: Russewa beharrt wie die Zieheltern darauf, dass kein Geld geflossen ist. Der Vorwurf der Kindesentführung dürfte damit vom Tisch sein, genau wie der des Kinderhandels …

Süddeutsche Zeitung vom 6.11.2013.

Zieheltern Sorgerecht entzogen
Roma – Mädchen Maria bleibt in Griechenland

Athen. Das blonde Roma-Mädchen Maria, das im vergangenen Oktober bei einer fremden Familie in Griechenland aufgetaucht war, bleibt in der Obhut der griechischen Kinderschutzorganisation »Das Lächeln des Kindes«.

Dies entschied am Samstag ein Gericht in der griechischen Stadt Larissa. Wie die Athener Nachrichtenagentur ANA-MPA meldet, entzog das Gericht den Zieheltern das Sorgerecht und lehnte zugleich ein Gesuch der staatlichen bulgarischen »Agentur zum Schutz des Kindes« ab, die sich um Maria kümmern wollte.

Das heute fünfjährige Mädchen stammt aus Bulgarien und wurde Mitte Oktober in einer Roma-Siedlung im mittelgriechischen Ort Frasala entdeckt. Wegen ihrer strohblonden Haare kam der Verdacht auf, Maria könnte entführt worden sein, was auch international Aufsehen erregt hatte. Der Verdacht bestätigte sich jedoch nicht.

Quelle: dpa

**TEXT 1: DIE GESCHICHTE EINES VORURTEILS:
DIE WAHREN UND DIE FALSCHEN KINDERDIEBE**

Während der Aufklärungszeit trat ab der zweiten Hälfte des 18. Jahrhunderts neben die herkömmliche Politik die gruppenweise Zwangsassimilation; um den Preis der Aufgabe ihrer Kultur sollte nun jeweils einer größeren Anzahl Sinti und Roma die Zugehörigkeit zur Mehrheitsgesellschaft in Aussicht gestellt werden.

Die bekannteste Initiative waren die Maßnahmen von Maria Theresia (1740–1780) und Joseph II. (1765–1790; bis 1780 Mitregent seiner Mutter) von Österreich-Ungarn. Im Zuge einer Verwaltungsreform und der inneren Kolonisation Österreich-Ungarns erließ Maria Theresia zwischen 1758 und 1773 mehrere Verordnungen zum Umgang mit Roma. Darin wurde die Zwangssesshaftmachung reisender Roma angeordnet: Sie mussten nun in Häusern wohnen, Abgaben leisten, die Pferde abgeben. Ferner wurde die Gerichtsbarkeit der Rechtsprecher unter den Roma aufgehoben. Ehen zwischen Roma waren untersagt, die Kinder wurden ihnen genommen und in Pflegefamilien gegeben. Die Sprache der Roma wurde ebenso verboten wie andere Formen kultureller Äußerungen. Schließlich sollten Roma nur noch als Neubürger (Ujpolgar), Neubauer (Ujparasztok), Neuungar (Ujmagyar) oder Neusiedler (Ujlakosok bzw. Neokolinus) bezeichnet werden. Joseph II. hob zwar 1781 die Leibeigenschaft in den damals zu Österreich-Ungarn und heute zu Rumänien und der Ukraine gehörenden Landesteilen Siebenbürgen und der Bukowina auf, doch verschärfte er die Maßnahmen gegen die Roma, indem er die Notwendigkeit der Strafen hervorhob.

Doch die von Maria Theresia und Joseph II. angeordneten Maßnahmen zeitigten nur bedingten Erfolg, da die personellen Voraussetzungen zu ihrer Umsetzung fehlten und ein Teil der Roma floh. Lediglich im heutigen Burgenland kann eine Reihe von Roma-Familien ihre Ansiedlung auf diese Maßnahmen zurückführen bzw. wird es in einigen Familien Romavorfahren geben, die als Kinder ihren Eltern weggenommen wurden.

Aus: Katrin Reemtsma, Sinti und Roma. Geschichte, Kultur, Gegenwart, München 1996, S. 44.

TEXT 2:
DIE WAHREN UND DIE FALSCHEN KINDERDIEBE

Schon seit dem 16. Jahrhundert hat man Sinti, Roma und anderen umherziehenden Bevölkerungsgruppen ihre Kinder durch behördliche Zwangsmaßnahmen weggenommen. Man kann sogar die These aufstellen, dass der Versuch der Zwangsadoption oder Umerziehung von Romakindern sich wie ein »roter Faden« durch ihre Geschichte in Europa zieht.

Schon 1547 hatte es in einem Statut des englischen Königs Edward VI. geheißen:

> *Alle Personen haben das Recht, den Vagabunden ihre Kinder wegzunehmen und als Lehrlinge, Jungen bis zum 24. Jahr, Mädchen bis zum 20. Jahr, zu halten. Laufen sie weg; so sollen sie bis zu diesem Alter die Sklaven der Lehrmeister sein, die sie in Ketten legen, geißeln etc. können, wie sie wollen. (S. 159)*

Diese Linie der »Zigeunerzwangserziehung«, die ihren systematischen Ursprung also im 18. Jahrhundert hatte, setzte sich übrigens bis weit in das 20. Jahrhundert hinein fort.

In Württemberg war schon 1826 ein Vaganten-Kinderinstitut gegründet worden, um die »Kinder noch zu brauchbaren Menschen erziehen zu können« und das württembergische »Gesetz betr. die Zwangserziehung Minderjähriger vom 29. Dezember 1899« sollte »vorzugsweise auch auf Zigeunerkinder anwendbar« sein.

In einschlägigen Kommentierungen wurde dann auch – quasi in Form einer Generalklausel – von der »fast zur Regel gewordenen erheblichen sittlichen Verwahrlosung solcher Kinder« (gemeint waren »Zigeuner- und Hausiererkinder«) gesprochen, der mit »Zwangserziehung« begegnet werden müsste.

Infolge dieses Fürsorgegesetzes wurden in den nächsten Jahrzehnten »zahlreiche zigeunerische Kinder in Württemberg ihren Eltern abgenommen.« (S. 164)

Diese Linie der »Zigeunerzwangserziehung« setzte sich unter besonderen rassistischen Vorzeichen in der NS-Zeit, da vor allem in Württemberg, aber auch danach bis in die neuere Zeit fort, und zwar nicht nur in Deutschland.

Bis zur Mitte des 19. Jahrhunderts waren es z.B. diverse Vereine und Verbände in der Schweiz, die dort die Kinder der Fahrenden zwangsweise in den Genuss der »gesund machenden Kraft eines ländlich gottseligen Familienlebens« brachten, eine Tradition, die sich von 1926 bis 1973 in dem »Hilfswerk für die Kinder der Landstraße« der eidgenössischen Organisation Pro Juventute unter der Leitung von Alfred Siegfried fortsetzte und von der über 600 Kinder ihren Eltern und Verwandten weggenommen, zur Adoption vermittelt und in Heimen und Psychiatrien zwangsasyliert wurden.

Der Vorwurf des Kinderraubes durch Sinti und Roma ist und war nicht nur nicht nachweisbar, er stellt sogar, wie Thomas Huonker völlig zutreffend ausgeführt hat, »eindeutig eine Projektion, eine krankhafte Umdeutung und Umkehrung der Realität« dar. (S. 166 f)

Wolfram Schäfer: Wider den Vorwurf des Kinderraubs, in: »Diebstahl im Blick«? Zur Kriminalisierung der »Zigeuner«, (= Beiträge zur Antiziganismusforschung Band 3). Seeheim 2005, S. 141–167. (Hier Ausschnitte von S. 159–167). Abdruck mit freundlicher Genehmigung der Gesellschaft für Antiziganismusforschung e.V., Marburg, und des Verlags i-verb.de.

M 26 VERTRAG DES LANDES BADEN-WÜRTTEMBERG MIT DEM VERBAND DEUTSCHER SINTI UND ROMA, LANDESVERBAND BADEN-WÜRTTEMBERG E. V.

Präambel

Sinti und Roma gehören seit mehr als 600 Jahren zur Kultur und Gesellschaft des heutigen Landes Baden-Württemberg. Sie sind eine anerkannte nationale Minderheit der Bundesrepublik Deutschland. Ihre Sprache und Kultur sind durch deutsches und europäisches Recht geschützt. Die Ausgrenzung und Benachteiligung von Sinti und Roma reichen zurück bis in das Mittelalter. Die grausame Verfolgung und der Völkermord durch das nationalsozialistische Regime brachten unermessliches Leid über Sinti und Roma in unserem Land und zeitigen Folgen bis heute. Dieses Unrecht ist erst beschämend spät politisch anerkannt und noch nicht ausreichend aufgearbeitet worden. Auch der Antiziganismus ist noch immer existent und nicht überwunden.

Im Bewusstsein dieser besonderen geschichtlichen Verantwortung gegenüber den Sinti und Roma als Bürgerinnen und Bürger unseres Landes und geleitet von dem Wunsch und Willen, das freundschaftliche Zusammenleben zu fördern, schließen

das Land Baden-Württemberg,
vertreten durch
den Ministerpräsidenten
(im Folgenden: das Land)

und

der Verband Deutscher Sinti und Roma,
Landesverband Baden-Württemberg e.V.,
vertreten durch seinen
Vorstandsvorsitzenden
(im Folgenden: der VDSR-BW)

angesichts des gemeinsamen Zieles, jeglichen Diskriminierungen von Angehörigen der Minderheit entgegenzuwirken und den gesellschaftlichen Antiziganismus wirksam zu bekämpfen;

in dem Willen, gemeinsam das gesellschaftliche Miteinander unter Achtung der ethnischen, kulturellen, sprachlichen und religiösen Identität der Sinti und Roma kontinuierlich zu verbessern;

in Anerkennung der Verpflichtungen aus dem Rahmenübereinkommen des Europarates zum Schutz nationaler Minderheiten und der Europäischen Charta der Regional- oder Minderheitensprachen

folgenden Vertrag:

Artikel 1
Rechte, gemeinsame Aufgaben und Ziele

(1) Die deutschen Sinti und Roma haben ein Recht auf Anerkennung, Bewahrung und Förderung ihrer Kultur und Sprache sowie des Gedenkens.

(2) Daher streben das Land und der VDSR-BW gemeinsam insbesondere an:
   – *Die Verankerung der Geschichte und Gegenwart von Sinti und Roma in den Bildungsplänen des Landes. In diesem Zusammenhang trägt die Landesregierung Sorge dafür, dass in den Schulen des Landes die Geschichte der Sinti und Roma so gelehrt wird, dass auch möglichen Vorurteilen entgegengetreten wird.*
   – *Die Fortsetzung und Vertiefung der Zusammenarbeit zwischen dem VDSR-BW mit den Bildungseinrichtungen des Landes zur Aufklärung über minderheitenfeindliche Vorurteile und zur Förderung des Geschichtsbewusstseins und der gesellschaftlichen Toleranz.*
   – *Den entsprechenden Ausbau der bewährten Zusammenarbeit mit der Landeszentrale für politische Bildung und der Landesarbeitsgemeinschaft der Gedenkstätten in Baden-Württemberg.*
   – *Die Sicherstellung von Erhalt und Pflege der Grabstätten von Sinti und Roma, die der NS-Verfolgung ausgesetzt waren.*
   – *Den Auf- und Ausbau von ergänzenden Schul-, Bildungs- und Kulturangeboten für junge Sinti und Roma zur Vermittlung ihrer Sprache und Kultur.*

– *Die Förderung der VDSR-BW-Beratungsstellen für Soziales und Arbeit sowie Bildung.*
– *Die institutionelle Förderung des VDSR-BW.*
– *Die Errichtung einer Forschungsstelle zur Geschichte und Kultur der Sinti und Roma sowie zum Antiziganismus. Der kritischen Aufarbeitung der historisch von rassistischen Vorurteilen geprägten Geschichte der sog. »Zigeunerforschung« ist dabei besonders Rechnung zu tragen.*
– *Die Ermöglichung einer angemessenen Wahrnehmung und Vertretung von deutschen Sinti und Roma in Kultur, Wissenschaft und Medien.*
– *Die gemeinsame Identifizierung weiterer Zukunftsaufgaben.*

(3) Der VDSR-BW verpflichtet sich:
– *Politik, Verwaltung und Behörden bei Maßnahmen der Aufklärung und Sensibilisierung für Geschichte und Gegenwart der Sinti und Roma zu unterstützen.*
– *Im Rahmen seiner Möglichkeiten bleibeberechtigte, nichtdeutsche Sinti und Roma bei ihrer Integration in die Gesellschaft und die nationale Minderheit zu unterstützen.*
– *Im Rat für die Angelegenheiten der deutschen Sinti und Roma in Baden-Württemberg und bei der regelmäßigen Unterrichtung des Landtags mitzuwirken. [...]*

Die umstrittene Abschiebung einer Schülerin ins Kosovo sorgt in Frankreich für Aufregung. Präsident Hollande bietet ihr eine Rückkehr in die Schule an. Die 15-Jährige will aber nicht allein zurückkehren.

Nach der umstrittenen Abschiebung einer Schülerin hat Präsident François Hollande der 15-Jährigen eine Rückkehr für ihre Ausbildung nach Frankreich angeboten. Der Staatschef sicherte am Samstag in einer Fernsehansprache Leonarda Dibrani die Wiederaufnahme zu, »wenn sie ihre Schulzeit in Frankreich fortsetzen will«. Ihre Eltern und Geschwister dürften indes nicht einreisen.

Doch das Roma-Mädchen ließ den französischen Präsidenten sofort abblitzen: »Ich will nicht allein sein in Frankreich, ich werde meine Familie nicht aufgeben«, sagte Leonarda. Auch ihre Brüder und Schwestern müssten zur Schule gehen können. Dafür will sich jetzt auch Harlem Désir starkmachen, der Chef der regierenden Sozialisten.

Mit der umstrittenen Abschiebung der Roma-Familie Dibrani in das Kosovo hat sich Hollande weit in die Schusslinie seiner Kritiker begeben. Mit seiner jüngsten Äußerung versuchte er offenbar, sowohl eine entschiedene Linie gegen illegale Einwanderung zu verfolgen als auch Mitgefühl mit dem Schicksal des Mädchens zu zeigen. Die Dirbanis leben inzwischen in Mitrovica im Norden des Kosovo. Dort sagte Leonarda: »Herr Hollande hat kein Herz für meine Familie. Er hat kein Mitleid«, redete sie sich vor laufenden Kameras in Rage.

Ihre Eltern sind ebenfalls entschlossen, nicht klein beizugeben und wenn nötig auch auf illegalem Weg nach Frankreich zurückzukehren. Leonarda allein einreisen zu lassen, sei keine Option. »Ihm meine Tochter zu geben ist nicht möglich«, sagte Dzemila Dibrani, Leonardas Mutter.

Die Abschiebung hatte vor allem deshalb zu massiven Protesten und Kritik des linken Flügels der Sozialisten geführt, weil Leonarda vor den Augen ihrer Mitschüler nach einer Exkursion von der Polizei aufgegriffen und dann in das Kosovo geschickt worden war. Die Schule gilt in Frankreich als geschützter Ort, in dem solche Vorfälle nicht stattfinden sollten.

Daher reagierte Hollande auch entsprechend entschieden auf die Polizeiaktion. Er kündigte in Paris an, Festnahmen im schulischen Umfeld zu untersagen.

Das Vorgehen der Polizei war nach einem von der Regierung angeforderten Bericht regelkonform. Die Betroffenen seien zuvor etliche Male von den Behörden zum Verlassen des Landes aufgefordert worden in dem Papier, das Hollande vorgelegt hatte.

Der Asylantrag der Familie Dibrani war abgelehnt worden, so dass sie nicht länger das Recht hatte, in Frankreich zu leben. Die Familie weigerte sich allerdings, das Land zu verlassen. Daher wurde sie am 8. Oktober ausgewiesen. Gleichzeitig kritisiert die 24 Seiten umfassende Untersuchung das mangelnde Augenmaß der Polizei. Es sei nicht beachtet worden, dass die Aktion nicht im schulischen Umfeld hätte erfolgen dürfen.

Tausende Schüler hatten am Donnerstag und Freitag gegen die Abschiebung der Dibranis demonstriert. Und auch am Samstag formierte sich wieder Protest auf dem Platz der Bastille im Zentrum von Paris. Innenminister Manuel Valls ist wegen der Aktion und seines Kurses gegen illegal in Frankreich lebende Ausländer auch innerhalb der sozialistischen Partei umstritten.

Sonntag Aktuell vom 20.10.2013.

M 27 b   **INFORMATION ZUM KOSOVO IM JAHR 2013**

Das Land ist eines der ärmsten Länder Europas. 45 Prozent der Bevölkerung sind arbeitslos, unter 25-Jährige zu 70 Prozent. Das gilt dort für die Mehrheitsbevölkerung. »Zurückgesandte« (auch in Frankreich und Deutschland geborene und aufgewachsene) Roma sind in dieser Situation bei der Mehrheit im Kosovo unerwünscht. Viele Gebiete sind mit Waffengewalt »romafrei« gemacht worden. Nach wie vor befinden sich viele illegale Schusswaffen bei der Bevölkerung. Der Zugang zur Schule und zum Arzt ist für Roma nicht gewährleistet.

Gotthilf Fritz leitet während des Kriegs ein Heim für jugendliche Mädchen in der Nähe von Schorndorf. Darunter ist auch ein 16-jähriges Sinti-Mädchen namens Berta Georges, deren Eltern und neun Geschwister bereits zur Vernichtung nach Auschwitz deportiert worden sind. Als SS-Männer mehrfach versuchen, auch Berta Georges aus dem Heim abzuholen, weigert sich Gotthilf Fritz, das Mädchen auszuliefern und damit dem sicheren Tod preiszugeben. Ein weiteres Sinti-Mädchen namens Thea Reinhardt sowie ein jüdisches Mädchen überleben den Krieg unerkannt im Schutz des Heims. Das jüdische Mädchen hat außerdem eine Zwillingsschwester, die in Stuttgart lebt. Trotz der damit verbundenen Lebensgefahr für sich und seine Familie bietet Gotthilf Fritz auch diesem Mädchen zeitweilig Unterschlupf, um es vor der drohenden Deportation zu bewahren. Die Tochter von Gotthilf Fritz, Margarete Löffler, lebte damals wie die ganze Familie in dem Heim, das ihr Vater leitete.

Rosa Steinbach:
»1940 ist unsere ganze Familie nach Hohenasperg gekommen. Es waren viele Menschen, die dort in einer Kolone vom Bahnhof unten hoch zur Festung, zum Gefängnis laufen mussten. Wir waren alle in einem großen Saal untergebracht, der Schnucknack war auch bei uns. Aber wir kamen wieder zurück nach Ludwigshafen, der Chef meines Vaters hat uns dort raus geholt. Karl Grab hieß er.«

Johann Josef Herold, leitender Beamter der Kriminalpolizei Heidelberg, bewahrt durch seinen persönlichen Einsatz vier Heidelberger Sinti-Familien vor der Deportation in die Vernichtung. Die anderen Sinti-Familien mussten Heidelberg schon Ende der 30er Jahre aufgrund der Repressionen der Stadtverwaltung verlassen.

Paul Kreber arbeitet während des Krieges als Beamter der Kriminalpolizei Wuppertal. Er ist einer der wenigen, die sich weigern, die Deportationsbefehle aus Berlin auszuführen: Statt die Sinti-Familien zu den Zügen nach Auschwitz zu bringen, verhilft er ihnen zur Flucht. Eine Familie versteckt er sogar unter Einsatz seines Lebens in seinem Haus. 1988 wird Paul Kreber auf Vorschlag des Zentralrats Deutscher Sinti und Roma von dem nordrhein-westfälischen Innenminister Herbert Schnoor mit dem Bundesverdienstkreuz ausgezeichnet. Am 24. September 1989 stirbt er mit 79 Jahren.

Quelle: Ausstellung »Weggekommen«. Tafel der Gerechten, Landesverband Deutscher Sinti und Roma Baden-Württemberg.

– Eine Lehrerin verdächtigt eine Schülerin mit Roma-Hintergrund, ihr Geld gestohlen zu haben.

– Ein an der Ampel stehender Autofahrer beschimpft einen Scheibenwäscher als »Zigeunerpack«, das so schnell wie möglich wieder nach Rumänien verschwinden soll.

– Jemand sagt: »Ich finde es toll, dass die Sinti und Roma alle mehrere Musikinstrumente spielen.«

– Jemand sagt: »Ich würde auch gerne so frei und sorglos leben wie die ›Zigeuner‹«.

– Ein 15-jähriger Junge aus Bosnien wird von seinen Mitschülern im Spaß immer als »Zigeuner« bezeichnet.

– Eine Mutter verkleidet ihre Tochter zu Fasching als »Zigeunermädchen«.

– Eine Frau wird von der Kasse eines Supermarktes in eine andere Abteilung versetzt, nachdem herauskommt, dass sie der Minderheit der Sinti und Roma angehört.

– Eine Romni bekommt trotz abgeschlossener Berufsausbildung als Industriekauffrau beim Job-Center nur Angebote im Bereich Gebäudereinigung.

– Eine Frau wechselt die Straßenseite, als eine Roma-Familie auf sie zukommt.

– Ein Sinto bekommt trotz guter Noten keine Gymnasialempfehlung mit dem Hinweis, dass er sowieso kein Abitur braucht.

– Ein Firmenchef gibt einer jungen Romni keine Lehrstelle, weil er davon ausgeht, dass sie sowieso bald schwanger wird und nicht mehr weiterarbeiten kann.

– Ein Haus, in das eine Sinti-Familie einziehen soll, wird von den Dorfbewohnern über Nacht abgerissen.

Aus: Alte Feuerwache e.V., (Hg.): Methodenhandbuch zum Thema Antiziganismus für die schulische und außerschulische Bildungsarbeit. © UNRAST Verlag, Münster 2014.

1471

Die ersten »Anti-Zigeuner«-
Gesetze werden in der
Schweiz verabschiedet.

17.000 Roma werden zur
Sklavenarbeit nach Molda-
wien gebracht.

1741

In Mainz sollen alle »Zigeuner« ohne Prozess mit der
Begründung hingerichtet werden, dass ihre Lebensart
gesetzlos sei.

1864

In Rumänien wird Roma
durch Prinz Ioan Alexan-
dru Cuza komplette
rechtliche Freiheit
gewährt

1922

In Baden müssen laut neuer Auflagen von allen Roma und Sinti Fotos und Fingerabdrücke archiviert werden. Weiterhin müssen sie ständig vollständige Dokumente mit sich führen.

1935

Auf Betreiben der lokalen Kölner Behörden wird das erste national-sozialistische Zwangslager für »Zigeuner« im Deutschen Reich errichtet. Damit sei der »allgemeinen Unsicherheit und Verunstaltung des Straßenbilds« (Fings und Sparing 1991, S. 17) zu begegnen.

1944

Die letzten der zu diesem Zeitpunkt noch lebenden Sinti und Roma, die im Lagerabschnitt B II e des Konzentrationslagers Auschwitz-Birkenau festgehalten wurden, werden ermordet.

1956

Der Bundesgerichtshof urteilt, dass für die Zeit vor 1943 keine Verfolgung von Sinti und Roma aus rassischen Gründen vorläge, sondern es sich bei den Verfolgungsmaßnahmen zwischen 1933 und 1943 um rein »kriminal präventive Maßnahmen« gehandelt habe.

1971 Auf dem ersten Welt-Roma-Kongress in London werden nationale Symbole festgelegt, eine Flagge und Hymne »Gelem. Gelem«.

1980 Überlebende des national-sozialistischen Genozids und deren Kinder führen einen Hungerstreik in der KZ-Gedenk-stätte Dachau durch. Protestanlass war u.a. die rassistische Sondererfassung von Sinti und Roma durch die Justiz und Polizei.

1982 Helmut Schmidt erkennt als erster Vertreter einer Bundes-regierung die Verfolgung der Sinti und Roma im Nationalsozialismus als Völkermord an.

Der Zentralrat Deutscher Sinti und Roma gründet sich. Sein Sitz ist seitdem in Heidelberg.

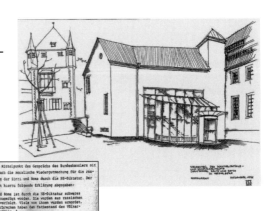

1998 Sinti und Roma werden als nationale Minderheit in Deutschland anerkannt.

2012 Das Mahnmal für die im Nationalsozialismus ermordeten Sinti und Roma wird eröffnet.

Aus: Alte Feuerwache e.V., (Hg.): Methodenhandbuch zum Thema Antiziganismus für die schulische und außerschulische Bildungsarbeit. © UNRAST Verlag, Münster 2014. Bilder (in chronologischer Reihenfolge): Volkshochschule der Burgenländischen Roma. I Wikipedia. I Wikipedia. I Mindener Tageblatt. I Bundesarchiv, Bild 146-1990-104-16A / Fotograf: o.A. I Wikipedia. I Shutterstock. I Wikipedia. I Uschi Dresing. I Dokumentations- und Kulturzentrum Deutscher Sinti und Roma. I Amaro Drom e.V. I Wikipedia.

Rechte: Verband Deutscher Sinti und Roma, Landesverband Baden-Württemberg e.V.

Rechte: Verband Deutscher Sinti und Roma, Landesverband Baden-Württemberg e.V.

Rechte: Verband Deutscher Sinti und Roma, Landesverband Baden-Württemberg e.V.

Rechte: Verband Deutscher Sinti und Roma, Landesverband Baden-Württemberg e.V.

Oya Bayram *Bankkauffrau* *türkische Staatsangehörigkeit* *23 Jahre* *sunnitisch* *ledig*	Du wohnst bei deinen Eltern, fährst dein eigenes Auto und gehst am Wochenende gerne mit Freunden aus. Dein Freundeskreis besteht aus Menschen unterschiedlicher Herkunft.
Giorgio Lacko *Azubi* *der Kommunikationselektronik* *in Deutschland geboren* *bosnische Staatsangehörigkeit* *Rom* *17 Jahre* *ledig*	Du lebst bei deinen Eltern und teilst dir dort ein Zimmer mit deinem 12-jährigen Bruder. Deine Lehrstelle schützt deine Familie vorerst vor der Abschiebung. Dein Chef hat davon erfahren und setzt dich damit unter Druck.
Andreas Schäfer *Pförtner* *deutsche Staatsangehörigkeit* *51 Jahre* *auf den Rollstuhl angewiesen* *ledig*	Neben der Arbeit gibt es für dich eigentlich nur das Fernsehen und das Internet. Du hast wenig Freundinnen und nur einen Bruder, der aber in den USA lebt.

Bea Lindt	Du lebst mit deinem gut verdienenden Mann in einem großen Haus am Rand der Stadt.
Kinderbuchautorin *deutsche Staatsangehörigkeit* *48 Jahre* *verheiratet* *1 Kind*	Euer Sohn studiert in einer anderen Stadt. Ihr habt viele Freundinnen und Bekannte und seid viel unterwegs.

Fatma Aslan	Du lebst bei deinen muslimischen Eltern in deinem eigenen Zimmer. Du willst nach der Schule Wirtschaft studieren. Du engagierst dich in einer Roma-Organisation gegen Abschiebung.
Abiturientin *in Deutschland geboren* *kosovarische Staatsangehörigkeit* *Romni* *18 Jahre* *ledig*	

Maria Winterstein	Du lebst mit deinen Eltern und zwei Schwestern in einem kleinen Haus in der Stadt.
Berufsschülerin mit guten Noten *deutsche Staatsangehörigkeit* *Sintezza* *18 Jahre* *protestantisch* *ledig*	Ihr seid eine traditionsbewusste Sinti-Familie. Die Nachbarn wissen das und mögen euch.

Nicolai Saljic	Du wohnst im Flüchtlingsheim und darfst wegen deines Asylbewerberstatus nicht arbeiten. Du bist allein nach Deutschland gekommen und hast hier nicht viele Bekannte. Du versuchst, dir als Straßenmusiker etwas dazuzuverdienen, und wirst dabei immer wieder beleidigt und beschimpft.
Asylbewerber *gelernter Flugzeugmechaniker* *serbische Staatsangehörigkeit* *Rom* *36 Jahre* *ledig*	

Wilhelm Keck	Du bist selbständig und arbeitest deswegen manchmal 60 Stunden die Woche. Samstags gehst du regelmäßig in die Synagoge. Du lebst allein in deiner 3-Zimmer-Wohnung, besuchst regelmäßig Kulturveranstaltungen und hast einen großen Bekanntenkreis.
Inhaber eines Friseursalons *deutsche Staatsangehörigkeit* *32 Jahre* *jüdisch* *ledig*	

Mona Seitz	Du wohnst bei deinen Eltern, hast viele Freundinnen und spielst Basketball in der Bundesliga. Du möchtest nach der Schule Sport studieren.
Abiturientin *deutsche Staatsangehörigkeit* *18 Jahre* *katholisch* *ledig*	

Georg Rundstein *Hauptschüler* *deutsche Staatsangehörigkeit* *Sinto* *15 Jahre* *ledig*	Du hast Angst vor der Zukunft, da du befürchtest, nach der Schule keine Lehrstelle zu finden. Deine Eltern können dir bei den Hausaufgaben nicht helfen. Du spielst leidenschaftlich gerne Fußball – hauptsächlich mit anderen Sinti-Jungs. Du warst auch mal im Fußball-Verein, aber da wurdest du vom Trainer und anderen Jungs als »Zigeuner« beschimpft und gehst deshalb nicht mehr hin.
Hanna Ulrich *Schülerin in der 10. Klasse* *deutsche Staatsangehörigkeit* *15 Jahre* *ledig*	Du wohnst mit deinen Eltern und deinen zwei Geschwistern in einer 4-Zimmer-Wohnung. Du gehst auf eine Gesamtschule und hast durchschnittliche Noten. Du hast viele Freundinnen und einen festen Freund.
Günther Rosenthal *Musiker* *deutsche Staatsangehörigkeit* *Sinto* *35 Jahre* *verheiratet* *2 Kinder*	Du spielst Oboe in einem Sinfonieorchester. Du wohnst mit deiner Familie in einer Großstadt, zu Hause sprecht ihr Romanes. Ihr habt viele Freunde und Bekannte und auch zu den Nachbarn ein gutes Verhältnis. Manchmal wirst du gefragt, ob du Pakistaner seist.

Aus: Alte Feuerwache e.V., (Hg.): Methodenhandbuch zum Thema Antiziganismus für die schulische und außerschulische Bildungsarbeit. © UNRAST Verlag, Münster 2014.

(1) Kannst du dich auf eine Stelle bewerben,
für die du die passende Ausbildung hast,
mit einer guten Chance, eingestellt zu werden?   ☐ Ja   ☐ Nein

(2) Kannst du einen Handy-Vertrag abschließen?   ☐ Ja   ☐ Nein

(3) Kannst du dich nach Einbruch der Dunkelheit
auf der Straße sicher fühlen?   ☐ Ja   ☐ Nein

(4) Kannst du bei Problemen Unterstützung von deiner
Familie (Eltern/Geschwister) erwarten?   ☐ Ja   ☐ Nein

(5) Kannst du ohne Probleme mit der Person zusammen
sein, in die du dich verliebt hast?   ☐ Ja   ☐ Nein

(6) Kannst du bei der nächsten Wahl wählen gehen?   ☐ Ja   ☐ Nein

(7) Kannst du deinen Vermieter um Hilfe bitten,
wenn deine Nachbarn nachts ständig Lärm
machen?   ☐ Ja   ☐ Nein

(8) Kannst du wohnen, wo du möchtest?   ☐ Ja   ☐ Nein

(9) Würde dein/e Nachbar in dir seinen/ihren DVD
Player leihen, bzw. würde dir ein/e Mitschülerin
seinen/ihren MP3-Player leihen?   ☐ Ja   ☐ Nein

(10) Kannst du faire Behandlung von der Polizei
erwarten, wenn du sie brauchst?   ☐ Ja   ☐ Nein

(11) Kannst du davon ausgehen. dass deine Kinder/
Geschwister in ihrer Schule nicht diskriminiert
werden?   ☐ Ja   ☐ Nein

(12) Könntest du in jedem Land Urlaub machen,
wenn du es wollen würdest?   ☐ Ja   ☐ Nein

Aus: Alte Feuerwache e.V., (Hg.): Methodenhandbuch zum Thema Antiziganismus für die schulische und außerschulische Bildungsarbeit. © UNRAST Verlag, Münster 2014.

VORSCHLÄGE:
MASSNAHMEN FÜR EIN GUTES ZUSAMMENLEBEN

Eingreifen der Jugendämter	1407	70,3 %	
Einreisebeschränkungen	993	49,6 %	
Integrationsangebote (z.B. Sprachkurse)	1826	91,3 %	
mehr Polizei	682	34,1 %	
freier Zugang zum Arbeitsmarkt	1659	82,9 %	
Bekämpfung von Leistungsmissbrauch	1592	79,6 %	
Vermieter sollen ihren Pflichten nachkommen	1366	68,3 %	
gesonderte Unterbringung	272	13,6 %	
Abschiebung	448	22,4 %	
Bereitstellung von Sozialleistungen	1124	56,2 %	
Kriminalitätsbekämpfung	1563	78,1 %	
Minderheitenrechte stärken	1270	63,5 %	
nichts davon	5	0,2 %	
sonstiges	10	0,5 %	
weiß nicht	13	0,6 %	
keine Angabe	2		
Gesamtsumme	2001	100,0 %	

Quelle: »Zwischen Gleichgültigkeit und Ablehnung«. Studie der Antidiskriminierungsstelle des Bundes, 2014, S. 160.

Aufgaben:

- Kreuze in der rechten Spalte an, welcher Maßnahme du zustimmst.
- Ermittle die Prozente in deiner eigenen Klasse.
- Vergleiche die öffentliche Umfrage mit derjenigen in deiner Klasse.
- In welchen Vorschlägen kommt die Diskriminierung zum Ausdruck? (Vergleich mit Maßnahmen der Nazizeit)
- Suche nach Argumenten zu deren Überwindung.